문수반야기도

PRAJNA

『문수반야기도』를 내면서

『삼국유사三國遺事』 자장정율慈藏定律에는 자장율사慈藏律師가 문수보살을 친견하기 위해 당나라의 청량산清凉山을 찾아간 기록이 있다. 이후 석가모니 부처님의 진신사리를 모셔와 금강계단金剛戒壇을 마련하게 되면서 올해로 1378주년을 맞이하는 통도사 대가람의 역사가 시작되었다. 개산조開山祖인 자장율사는 이후 평생토록 문수보살을 친견하길 염원하였고 그 간절함은 강원도 오대산 문수신앙의 시초가 되었다.

통도사 또한 이미 창건 당시부터 문수보살과 관계 깊은 도량이었을 것이다. 하지만 통도사 문수전文殊殿은 1756년 대광명전大光明殿과 함께 화재로 소실되었고 그 이듬 해 중창했다는 기록만 남아 있다. 최근까지도 문수전이 있던 자리에는 전향각篆香閣이라는 명칭의 요사체가 있었을 뿐, 문수전의 흔적은 통도사 가람을 그린 옛 지도에서나 찾아볼 수 있었다. 다행스럽게도 2023년 3월, 통도사는 옛터에 문수전을 건립하면서 잊혀졌던 문수신앙의 역사를 다시 일깨웠다. 그 위치 또한 금강계단의 왼편이니, 석가모니 부처님의 좌보처左補處인 문수보살의 정처定處라 하겠다.

문수보살文殊菩薩은 석가모니 부처님께서 지니신 두 가지 공능功能 가운데 지혜智慧를 상징한다. 손에 든 날카로운 검은 무명번뇌無明煩惱를 단칼에 베어버리는 반야공般若空의 지혜를 상징하고, 청련화青蓮花는 번뇌의 진흙에서 피어난 해탈의 청량함을 나타낸다. 청사자青獅子는 모든 잘못된 견해를 조복시키는 강력한 진리설법의 상징이다. 종종 문수보살을 총각總角머리를 한 동진童眞으로 표현하는데, 이는 진리의 순진무구성을 드러낸 것이다. 새롭게 조성된 통도사 문수보살의 경우 검이 아닌 두루마리 경권經卷을 들고 계신다. 아마도 부처님께서 남기신 가르침에 대한 지혜를 나타내기 위한 것이라 여겨진다.

불교에서 지혜는 깨달음과 불가분의 관계에 있다. 출세간出世間의 완전한 깨달음이란 부처님과 동일한 지혜를 갖추는 것이지만, 세간世間에서도 삶의 매 순간마다 깨달음이 필요하다. 예컨대, 대학입시나 각종 고시, 취업, 승진, 결혼, 매매, 자아실현에 이르기까지 어떤 인생의 분기점에서 우리는 현명한 판단과 선택을 할 수 있는 지혜를 소망한다. 문수기도는 이러한 모든 때에 문수보살의 날카롭고 청량한 지혜의 힘을 얻을 수 있는 가장 좋은 수행방법이 된다.

하지만 시중에서는 『문수보살예찬문』 이외에 문수신앙과 관련된 제대로 된 기도집이나 의식문을 찾아보기 어려웠다. 특히 문수보살과 관련된 독송용 경전은 전무하였다. 일반적으로 행해지는 문수기도에서조차 『금강경金剛經』을 읽는 것에 그치고 있었기에 무언가 새로운 경전적 구심점이 필요함을 느꼈다. 이에 먼저 문수보살의 반야지혜를 담은 『문수사리소설마하반야바라밀경文殊師利所說摩訶般若波羅蜜經』의 교감을 시작으로 문수기도집을 만들어 나갔다. 지난 7월 문수기도 의식문의 초안을 편찬·번역하여 그 제목을 『문수반야기도』라 명명하였으며, 8월 7일 통도사 반야암 해운대 포교원 '문수반야 백일기도' 입재에 맞춰 초판을 발행하였다. 그리고 이번에 다시 교정과 추가작업을 거쳐 정식 출판물로서 간행하게 된 것이다.

『문수반야기도』는 크게 〈새벽문수기도〉, 〈사시문수불공〉, 〈저녁문수기도〉, 〈문수다라니기도〉라는 네 부분으로 구성되어 있다. 이는 불자님들이 언제 어디서든 어렵지 않게 기도에 임할 수 있도록 순서대로 배열한 것이다. 새벽 문수기도의 경우 깨끗한 물이나 차를 올리는 헌다례獻茶禮로 진행하고 소화엄小華嚴이라 불리는 『원각경圓覺經』의 제1장인 「문수보살장文殊菩薩章」을 독송본으로 발췌하여 원만한 깨달음에 대한 신심을 고취하였다. 행선축원行禪祝願은 기존의 번역을 보완한 것이며, 문수지혜 발원문은 불자님들을 위해 작성해본 것이다.

사시 문수불공에는 6세기 초 양梁나라 부남국扶南國 만다라선曼陀羅仙 삼장三藏이 번역한 『문수사리소설마하반야바라밀경文殊師利所說摩訶般若波羅蜜經』의 원문을 교감하고 한글독음을 달아 독송본으로 삼았다. 이 판본은 같은 시기 승가바라僧伽婆羅 삼장의 번역본보다도 조금 이른 것이다. 마지 공양을 올리는 문수청文殊請에는 한글 번역을 덧붙여 일반 불자들이 그 의미를 새길 수 있도록 하였다. 불공의 말미에는 새벽이나 저녁기도에 행해지는 반야심경般若心經 대신 화엄사상의 핵심을 담은 의상스님의 「법성게法性偈」를 추가하여 문수지혜가 더욱 원만해지도록 하였다. 저녁 문수기도의 경우, 향만 올리는 오분향례五分香禮로 진행하는데, 독송경전으로 「신묘장구대다라니」를 추가하여 관세음 보살님의 가피로 장애없이 기도를 원만히 회향하길 기원하였다.

마지막으로 문수 다라니기도는, 주로 밀교의식으로 이루어지던 문수보살 관련 경전군들 중에서 의미있는 진언이나 다라니들을 골라내어 원음에 가깝게 독음을 단 것이다. 문수보살 근본진언根本眞言이나 야만타카진언焰曼德迦眞言, 소청중성진언召請衆聖眞言 등은 문수 관련 밀교계 경전에서 찾아내어 새롭게 소개한 것이므로 그 의미가 더욱 깊다. 다라니의 말미에는 화엄경의 요체를 담은 「화엄경 약찬게」를 실었다. 문수재일인 매월 음력 4일이나 시험 날과 같은 중요한 때에 주력기도呪力祈禱로서 행한다면 반드시 문수보살의 가피가 있을 것이다.

『문수사리발원경文殊師利發願經』은 동진東晉의 불타발타라佛陀跋陀羅 삼장이 번역한 것으로 본래 보현보살의 행원을 담은 경전이었는데, 그 이유는 알 수 없지만 문수보살의 발원을 담은 경전으로 그 제목이 변화되어 전해져 내려온 것이다. 마지막에 실린 『문수보살예찬문文殊菩薩禮讚文』은 108배 수행을 위한 것으로 문수보살의 뛰어난 공능을 예경하고 자신의 업장을 참회하기 위한 기도문이다.

이번에 발행하는 『문수반야기도』가 인생의 중요한 갈림길에 서 있는 모든 불자님들에게 가장 행복한 길로 나아가게 하는 작지만 거룩한 지남철指南鐵이 될 수 있기를 기원한다. 끝으로 이 책이 나오기까지 어렵고 힘든 상황에서도 늘 밝고 신심 깊은 모습으로 도와주신 반야암 해운대 포교원 총무 금당화, 교무 해인화, 원주 수현화, 홍보 금강란 등 소임자 보살님들과 사진을 맡아주신 현본, 심광월 두 불자 내외분, 그리고 책의 교정과 출판을 위해 수고해주신 도서출판 무량수 천윤경 실장님과 관계자 여러분들께도 감사한 마음을 전한다.

癸卯年 肇秋
信 鏡 合掌

문수지혜를 얻는
중도의 가르침

유리하다고 교만하지 말고
불리하다고 비굴하지 말라.

자기가 아는 대로 진실만을 말하며
주고받는 말마다 악함을 막아
듣는 이에게 편안함과 기쁨을 주어라.

무엇을 들었다고 쉽게 행동하지 말고
그것이 사실인지 깊이 생각하여
이치가 명확할 때 과감히 행동하라.

제 몸 위해 턱없이 악행하지 말고
핑계대어 정법을 어기지도 말며
지나치게 인색하지 말고
성내거나 질투하지도 말라.

정의를 등지지 말고
원망을 원망으로 갚지 말며
이익을 위해 남을 모함하지도 말라.

객기부려 만용하지 말고
허약하여 비겁하지도 말며
지혜롭게 중도의 길을 가라.

사나우면 남들이 꺼려하고
나약하면 남들이 업신 여기나니
사나움과 나약함을 버려
중도를 지켜라.
벙어리처럼 침묵하고 임금처럼 말하며
눈처럼 냉정하고 불처럼 뜨거워라.

태산 같은 자부심을 갖고
누운 풀처럼 자기를 낮추어라.

임금처럼 위엄을 갖추고
구름처럼 한가로워라.

역경을 참아 이겨내고
형편이 잘 풀릴 때를 조심하라.

재물을 오물처럼 볼 줄도 알고
터지는 분노를 잘 다스려라.

때로는 마음껏 풍류를 즐기고
사슴처럼 두려워할 줄 알며
호랑이처럼 무섭고 사나워라.

때와 처지를 살필 줄 알고
부귀와 쇠망이 교차함을 알라.

이것이 지혜로운 불자의 삶이니라.

대지 문수사리 보살
大智 文殊師利 菩薩

-영축총림 통도사 문수전-

문수보살 오자진언
文殊菩薩 五字眞言

옴 아 라 빠 짜 나 디

차례

새벽 문수기도   13
헌다례 …………………… 14
행선축원 ………………… 16
문수지혜 발원문 ……… 20
반야심경 ………………… 24
원각경 문수보살장 …… 28

사시 문수불공   35
문수반야바라밀경 ……… 38
문수청 …………………… 94
문수지혜 발원문 ……… 109
의상조사 법성게 ……… 113

저녁 문수기도   115
오분향례 ………………… 116
문수지혜 발원문 ……… 118
반야심경 ………………… 122
신묘장구대다라니 …… 125

문수 다라니기도   129
문수다라니 주력 ……… 130
화엄경약찬게 …………… 142
문수지혜 발원문 ……… 154
문수사리 발원경 ……… 158

문수보살 예찬문   165

새벽 문수기도

헌다례
행선축원
문수지혜 발원문
반야심경
원각경 문수보살장
좌선

새벽 문수기도

헌다례 차를 올리는 예불
獻茶禮

아금청정수　　　　　　　제가이제 깨끗하온 청정수를
我今淸淨水

변위감로다　　　　　　　다함없는 감로차로 변화시켜
變爲甘露茶

봉헌문수전　　　　　　　대지문수 보살님께 올리옵고
奉獻文殊前

일일무수례　　　　　　　한분한분 무수하게 예경하니
一一無數禮

원수애납수 (절)　　　　　원하건대 자비로써 받으소서
願垂哀納受

원수애납수 (절)　　　　　원하건대 자비로써 받으소서
願垂哀納受

원수자비애납수 (절)　　　원하건대 대자비로 받으소서
願垂慈悲哀納受

지심귀명례
至心歸命禮

현거오봉성주 대지문수사리보살 (절)
現居五峯聖主 大智文殊師利菩薩

지심귀명례
至心歸命禮

청량회상 대지문수사리보살 (절)
清凉會上 大智文殊師利菩薩

지심귀명례
至心歸命禮

삼세불모 칠불조사 대지문수사리보살 (절)
三世佛母 七佛祖師 大智文殊師利菩薩

유원 문수보살 강림도량 수아정례
唯願 文殊菩薩 降臨道場 受我頂禮

명훈가피력 원공법계제중생
冥熏加被力 願共法界諸衆生

자타일시성불도 (반배)
自他一時成佛道

> 스님과 기도할 때는 〈행선축원〉을 하고,
> 혼자서 기도할 때는 〈문수지혜 발원문〉을 한다.

행선축원
行禪祝願

조석향등헌불전   아침저녁 향과등불
朝夕香燈獻佛前   부처님전 올리옵고

귀의삼보예금선   삼보님께 귀의하고
歸依三寶禮金仙   부처님께 예배하니

국계안녕병혁소   온세상이 평안하고
國界安寧兵革消   전쟁질병 사라져서

천하태평법륜전   온천하가 태평하고
天下太平法輪轉   법의바퀴 굴려지다

원아세세생생처   원하건대 세세생생
願我世世生生處   태어나는 곳곳마다

상어반야불퇴전   어느때나 반야에서
常於般若不退轉   물러나지 아니하고

여피본사용맹지   본사석가 부처님의
如彼本師勇猛智   용맹하온 지혜처럼

여피사나대각과   비로자나 부처님의
如彼舍那大覺果   거룩하신 깨침처럼

여피문수대지혜
如彼文殊大智慧

대지문수 보살님의
거룩하신 지혜처럼

여피보현광대행
如彼普賢廣大行

대행보현 보살님의
넓고크신 행원처럼

여피지장무변신
如彼地藏無邊身

대원지장 보살님의
가이없는 법신처럼

여피관음삼이응
如彼觀音三二應

대비관음 보살님의
삼십이상 응신처럼

시방세계무불현
十方世界無不現

시방세계 곳곳마다
남김없이 몸을나퉈

보령중생입무위
普令衆生入無爲

널리모든 중생들을
무위열반 들게하며

문아명자면삼도
聞我名者免三途

내이름을 듣는이는
삼악도를 벗어나고

견아형자득해탈
見我形者得解脫

내모습을 보는이는
해탈도를 얻어지다

여시교화항사겁
如是敎化恒沙劫

이와같이 중생들을
영원토록 교화하여

필경무불급중생
畢竟無佛及衆生

필경에는 부처중생
모두없게 하여지다

시회대중각복위
時會大衆各伏爲

여기모인 사부대중
누구누구 할것없이

선망부모왕극락
先亡父母往極樂

먼저가신 부모님들
극락세계 왕생하며

현존사친수여해
現存師親壽如海

살아있는 스승친척
수명들은 바다같고

법계애혼이고취
法界哀魂離苦趣

온법계의 애혼들은
괴로움을 벗어나며

산문숙정절비우
山門肅靜絕悲憂

산문안은 고요하여
슬픔근심 끊어지고

사내재앙영소멸
寺內災殃永消滅

도량안의 모든재앙
영원토록 소멸하며

토지천룡호삼보
土地天龍護三寶

토지신과 천룡팔부
삼보님을 보호하고

산신국사보정상
山神局司補禎祥

산신국사 모든분이
상서로움 도우시어

준동함령등피안
蠢動含靈登彼岸

살아있는 모든중생
피안세계 올라지다

원제천룡팔부중
願諸天龍八部衆

천룡팔부 신중님께
간절하게 원하오니

위아옹호불리신
爲我擁護不離身

어느때나 옹호하여
저의곁을 지키시어

어제난처무제난
於諸難處無諸難

모든난관 속에서도
그모두가 없어지다

여시대원능성취
如是大願能成就

이와같이 큰서원을
능히모두 성취하고

세세상행보살도
世世常行菩薩道

세세생생 어느때나
보살도를 행하여서

구경원성살바야
究竟圓成薩婆若

구경에는 원만하온
일체지인 살바야와

마하반야바라밀
摩訶般若波羅蜜

크나크신 반야지혜
바라밀을 이루리다

나무 서가모니불

나무 서가모니불

나무 시아본사 서가모니불 (반배)

문수지혜 발원문

 금색세계의 본존本尊이시고 거룩한 오봉의 성주聖主이시며 과거칠불의 조사祖師로서 사바세계의 청량회상에 머무시는 대지 문수사리보살님께 지극한 마음으로 귀의하옵니다.

 날카로운 지혜의 검광劍光은 번뇌와 의심의 그물을 끊어내고 손에 드신 청련화靑蓮花의 향기는 함장된 무량복덕을 드러내며 타고 계신 청사자靑獅子의 포효는 온갖 사견邪見을 잠재우니 문수보살님의 반야지혜般若智慧에 어떤 티끌이 용납되겠나이까.

지혜는 겁해劫海를 뛰어넘고 행원은 찰진刹塵을 아우르니 세간의 미약한 지혜와 복덕은 겁화劫火 속의 반딧불 같사오나 문수보살님의 거룩한 지혜와 공덕을 바라옵는 저희 제자들은 일심으로 합장하고 간절하게 발원하나이다.

거룩하고 지혜로운 문수보살님!

금일 문수반야기도에 동참하는 불자 OOO와 자녀 OOO는 과거세와 현재세에 지은 모든 악업을 목숨 다해 참회하오니 삼재팔난과 사백사병의 어려움이 봄눈 녹듯 사라져서 무수한 인생의 갈림길에서 지혜롭고 복된 선택을 하게 하소서.

지혜만 있고 믿음이 없는 자는 사견邪見에 떨어지기 쉽고 믿음만 있고 지혜가 없는 자는 맹신盲信에 떨어지기 쉽나니 냉철한 지혜와 굳건한 믿음을 새의 양 날개와 같이 의지하여 어느 때나 치우치지 않는 중도의 무루 지혜로 살아가게 하소서.

거룩하고 지혜로운 문수보살님!

무기력과 나태의 늪에 빠져 있을 땐 마른 땅이 되어 주시고 번민과 갈등의 불길 속에서는 청량한 폭포수가 되어 주시며 나약하여 주저 않고 싶을 땐 든든한 지팡이가 되어 주시고 어리석어 해매일 땐 밤길을 인도하는 밝은 등불이 되어 주소서.

그리하여 언제나 당신을 믿고 따르는 저희 제자들이 지혜로운 불자, 노력하는 불자, 성공하는 불자가 되어 따뜻한 가정의 행복하고 든든한 일원이 되게 하시고 드넓은 사회의 찬란한 등불이 되게 하옵소서.

거룩하고 지혜로운 문수보살님!

금일 기도하고 발원하는 불자 OOO와 자녀 OOO는 다시 한 번 간절하게 오체투지하고 귀의 하옵나니, 오늘 문수반야기도를 통해 쌓은 지혜와 공덕이 있다면 시방세계 일체 모든 중생들에게 회향廻向되게 하옵소서.

나무 오봉성주 문수보살
나무 칠불조사 문수보살
나무 청량회상 문수보살 마하살

마하반야바라밀다심경
摩訶般若波羅密多心經

관자재보살 행심반야바라밀다시 조견오
觀自在菩薩 行深般若波羅密多時 照見五

온개공 도일체고액 사리자 색불이공 공
蘊皆空 度一切苦厄 舍利子 色不異空 空

불이색 색즉시공 공즉시색 수상행식 역
不異色 色卽是空 空卽是色 受想行識 亦

부여시 사리자 시제법공상 불생불멸 불
復如是 舍利子 是諸法空相 不生不滅 不

구부정 부증불감 시고 공중무색 무수상
垢不淨 不增不減 是故 空中無色 無受想

행식 무안이비설신의 무색성향미촉
行識 無眼耳鼻舌身意 無色聲香味觸

법 무안계 내지 무의식계 무무명 역무무
法 無眼界 乃至 無意識界 無無明 亦無無

명진 내지무노사 역무노사진 무고집멸
明盡 乃至無老死 亦無老死盡 無苦集滅

도 무지역무득 이무소득고 보리살타 의
道 無智亦無得 以無所得故 菩提薩埵 依

반야바라밀다고 심무가애 무가애고 무
般若波羅密多故 心無罣碍 無罣碍故 無

유공포 원리전도몽상 구경열반 삼세제
有恐怖 遠離顚倒夢想 究竟涅槃 三世諸

불 의반야바라밀다고 득아뇩다라삼먁삼
佛 依般若波羅密多故 得阿耨多羅三藐三

보리 고지 반야바라밀다 시대신주 시대
菩提 故知 般若波羅密多 是大神呪 是大

명주 시무상주 시무등등주 능제일체
明呪 是無上呪 是無等等呪 能除一切

고 진실불허 고설 반야바라밀다주 즉설
苦 眞實不虛 故說 般若波羅蜜多呪 卽說

주왈
呪曰

「아제 아제 바라아제 바라 승아제

　모지 사바하」(3번)

새벽예불만 모시고자 할 때는 여기서 마치고
독송기도를 더하고자 할 때는 〈보례진언〉~〈좌선〉까지 진행한다.

보례진언
普禮眞言 널리 예경을 올리는 진언

아금일신중
我 今 一 身 中   제가이제 작은한몸 가운데서

즉현무진신
卽 現 無 盡 身   다함없는 많은몸을 나투어서

변재문수전
遍 在 文 殊 前   시방세계 두루계신 문수앞에

일일무수례
一 一 無 數 禮   한분한분 무수하게 예경하네

「옴 바아라 믹」 (3번)

> 서서 읽되, 세번 째 '옴 바아라 믹' 하며
> 절하고 앉는다.

개경게   <small>경전을 여는 게송</small>
開經偈

무상심심미묘법 無 上 甚 深 微 妙 法	위가없이 깊고깊어 미묘하온 부처님법
백천만겁난조우 百 千 萬 劫 難 遭 遇	백천만겁 지나도록 만나뵙기 어려워라
아금문견득수지 我 今 聞 見 得 受 持	제가이제 보고듣고 얻어받아 지니오니
원해여래진실의 願 解 如 來 眞 實 義	부처님의 진실한뜻 알게하여 주옵소서

개법장진언   <small>진리의 창고를 여는 진언</small>
開法藏眞言

「옴 아라남 아라다」 (3번)

원각경 문수보살장
圓覺經 文殊菩薩章

여시아문 일시 바가바 입어신통 대광명
如是我聞 一時 婆伽婆 入於神通 大光明

장 삼매정수 일체여래 광엄주지 시제중
藏 三昧正受 一切如來 光嚴住持 是諸衆

생 청정각지 신심적멸 평등본제 원만시
生 淸淨覺地 身心寂滅 平等本際 圓滿十

방 불이수순 어불이경 현제정토 여대보
方 不二隨順 於不二境 現諸淨土 與大菩

살마하살 십만인구 기명왈 문수사리보
薩摩訶薩 十萬人俱 其名曰 文殊師利菩

살 보현보살 보안보살 금강장보살 미륵
薩 普賢菩薩 普眼菩薩 金剛藏菩薩 彌勒

보살 청정혜보살 위덕자재보살 변음보
菩薩 淸淨慧菩薩 威德自在菩薩 辯音菩

살 정제업장보살 보각보살 원각보살 현
薩 淨諸業障菩薩 普覺菩薩 圓覺菩薩 賢

선수보살등 이위상수 여제권속 개입삼
善首菩薩等 而爲上首 與諸眷屬 皆入三

매 동주여래 평등법회
昧 同住如來 平等法會

어시 문수사리보살 재대중중 즉종좌기
於是 文殊師利菩薩 在大衆中 卽從座起

정례불족 우요삼잡 장궤차수 이백불언
頂禮佛足 右遶三匝 長跪叉手 而白佛言

대비세존 원위차회 제래법중 설어여래
大悲世尊 願爲此會 諸來法衆 說於如來

본기청정 인지법행 급설보살 어대승중
本起淸淨 因地法行 及說菩薩 於大乘中

발청정심 원리제병 능사미래 말세중생
發淸淨心 遠離諸病 能使未來 末世衆生

구대승자 불타사견 작시어이 오체투지
求大乘者 不墮邪見 作是語已 五體投地

여시삼청 종이부시
如是三請 終而復始

이시세존 고문수사리보살언 선재선재 선
爾時世尊 告文殊師利菩薩言 善哉善哉 善

남자 여등 내능위제보살 자순여래 인지
男子 汝等 乃能爲諸菩薩 諮詢如來 因地

법행 급위말세 일체중생 구대승자 득정주
法行 及爲末世 一切衆生 求大乘者 得正住

지 불타사견 여금제청 당위여설 시문수사
持 不墮邪見 汝今諦聽 當爲汝說 時文殊師

리보살 봉교환희 급제대중 묵연이청 선남
利菩薩 奉敎歡喜 及諸大衆 默然而聽 善男

자 무상법왕 유대다라니문 명위원각 유출
子 無上法王 有大陀羅尼門 名爲圓覺 流出

일체 청정진여 보리열반 급바라밀 교수보
一切 淸淨眞如 菩提涅槃 及波羅蜜 敎授菩

살 일체여래 본기인지 개의원조 청정각상
薩 一切如來 本起因地 皆依圓照 淸淨覺相

영단무명 방성불도 운하무명 선남자 일체
永斷無明 方成佛道 云何無明 善男子 一切

중생 종무시래 종종전도 유여미인 사방역
衆生 從無始來 種種顚倒 猶如迷人 四方易

처 망인사대 위자신상 육진연영 위자심상
處 妄認四大 爲自身相 六塵緣影 爲自心相

비피병목 견공중화 급제이월 선남자 공실
譬彼病目 見空中花 及第二月 善男子 空實

무화 병자망집 유망집고 비유혹차 허공자
無花 病者妄執 由妄執故 非唯惑此 虛空自

성 역부미피 실화생처 유차망유 윤전생사
性 亦復迷彼 實花生處 由此妄有 輪轉生死

고명무명 선남자 차무명자 비실유체 여몽
故名無明 善男子 此無明者 非實有體 如夢

중인 몽시비무 급지어성 요무소득 여중공
中人 夢時非無 及至於醒 了無所得 如衆空

화 멸어허공 불가설언 유정멸처 하이고
花 滅於虛空 不可說言 有定滅處 何以故

무생처고 일체중생 어무생중 망견생멸 시
無生處故 一切衆生 於無生中 妄見生滅 是

고설명 윤전생사 선남자 여래인지 수원각
故說名 輪轉生死 善男子 如來因地 修圓覺

자 지시공화 즉무윤전 역무신심 수피생사
者 知是空花 卽無輪轉 亦無身心 受彼生死

비작고무 본성무고 피지각자 유여허공 지
非作故無 本性無故 彼知覺者 猶如虛空 知

허공자 즉공화상 역불가설 무지각성 유무
虛空者 卽空花相 亦不可說 無知覺性 有無

구견 시즉명위 정각수순 하이고 허공성고
俱遣 是則名爲 淨覺隨順 何以故 虛空性故

상부동고 여래장중 무기멸고 무지견고 여
常不動故 如來藏中 無起滅故 無知見故 如

법계성 구경원만 변시방고 시즉명위 인지
法界性 究竟圓滿 遍十方故 是則名爲 因地

법행 보살인차 어대승중 발청정심 말세중
法行 菩薩因此 於大乘中 發淸淨心 末世衆

생 의차수행 불타사견 이시세존 욕중선차
生 依此修行 不墮邪見 爾時世尊 欲重宣此

의 이설게언
義 而說偈言

문수여당지 일체제여래
文殊汝當知 一切諸如來

종어본인지 개이지혜각
從於本因地 皆以智慧覺

요달어무명 지피여공화
了達於無明 知彼如空花

즉능면유전 우여몽중인
卽能免流轉 又如夢中人

성시불가득 각자여허공
醒時不可得 覺者如虛空

평등부동전 각변시방계
平等不動轉 覺遍十方界

즉득성불도 중환멸무처
卽得成佛道 衆幻滅無處

성도역무득 본성원만고
成道亦無得 本性圓滿故

보살어차중 능발보리심
菩薩於此中 能發菩提心

말세제중생 수차면사견
末世諸衆生 修此免邪見

회향게 회향하는 게송
廻向偈

원이차공덕 보급어일체 원하건대 이공덕이
願以此功德 普及於一切 일체처에 널리퍼져

아등여중생 당생극락국 나와중생 그모두가
我等與衆生 當生極樂國 극락국토 태어나서

동견무량수 개공성불도 (반배) 무량수불 함께뵙고
同見無量壽 皆共成佛道 성불하게 하여지다

좌선
坐 禪

1. 시간은 5분 이내로 한다.
2. 가부좌를 하거나, 의자에 앉아도 된다.
3. 손모양은 선정인(禪定印)을 짓거나,
   양손을 편안하게 무릎 위에 올려두어도 된다.
4. 허리를 펴고 어깨에 힘을 빼며,
   시선은 자신의 무릎 앞 20cm 정도에 던져둔다.
5. 호흡은 편안하게 하되, 수식관(數息觀)을 해도 된다.

사시 문수불공

문수반야바라밀경
문수청
상단축원
문수지혜 발원문
의상조사 법성게

사시 문수불공

보례진언   널리 예경 올리는 진언
普禮眞言

아금일신중   제가이제 작은한몸 가운데서
我今一身中

즉현무진신   다함없는 많은몸을 나투어서
卽現無盡身

변재문수전   시방세계 두루계신 문수앞에
遍在文殊前

일일무수례   한분한분 무수하게 예경하네
一一無數禮

「옴 바아라 믹」 (3번)

> 서서 읽되, 세번 째 '옴 바아라 믹' 하며
> 절하고 앉는다.

개경게   경전을 여는 게송
開經偈

무상심심미묘법
無上甚深微妙法

위가없이 깊고깊어
미묘하온 부처님법

백천만겁난조우
百千萬劫難遭遇

백천만겁 지나도록
만나뵙기 어려워라

아금문견득수지
我今聞見得受持

제가이제 보고듣고
얻어받아 지니오니

원해여래진실의
願解如來眞實義

부처님의 진실한뜻
알게하여 주옵소서

개법장진언   진리의 창고를 여는 진언
開法藏眞言

「옴 아라남 아라다」 (3번)

문수반야바라밀경
文殊般若波羅蜜經

여시아문 일시불 재사위국 기수급고독원
如是我聞 一時佛 在舍衛國 祇樹給孤獨園

여대비구승 만족천인 보살마하살 십천인
與大比丘僧 滿足千人 菩薩摩訶薩 十千人

구 이대장엄 이자장엄 개실이주 불퇴전지
俱 以大莊嚴 而自莊嚴 皆悉已住 不退轉地

기명왈 미륵보살 문수사리보살 무애변보
其名曰 彌勒菩薩 文殊師利菩薩 無礙辯菩

살 불사담보살 여여시등 대보살구 문수사
薩 不捨擔菩薩 與如是等 大菩薩俱 文殊師

리 동진보살 마하살 명상현시 종기주처 내
利 童眞菩薩 摩訶薩 明相現時 從其住處 來

예불소 재외이립 이시 존자사리불 부루나
詣佛所 在外而立 爾時 尊者舍利弗 富樓那

미다라니자 대목건련 마하가섭 마하가전
彌多羅尼子 大目犍連 摩訶迦葉 摩訶迦旃

연 마하구치라 여시등 제대성문 각종주처
延 摩訶拘絺羅 如是等 諸大聲聞 各從住處

구예불소 재외이립 불지중회 개실집이 이
俱詣佛所 在外而立 佛知衆會 皆悉集已 爾

시여래 종주처출 부좌이좌 고사리불 여금
時如來 從住處出 敷座而坐 告舍利弗 汝今

하고 어신조시 재문외립 사리불 백불언
何故 於晨朝時 在門外立 舍利弗 白佛言

세존 문수사리 동진보살 선이지차 주문외
世尊 文殊師利 童眞菩薩 先已至此 住門外

립 아실어후 만래도이
立 我實於後 晚來到耳

이시 세존문 문수사리 여실선래 도차주처
爾時 世尊問 文殊師利 汝實先來 到此住處

욕견여래야 문수사리 즉백불언 여시 세존
欲見如來耶 文殊師利 卽白佛言 如是 世尊

아실래차 욕견여래 하이고 아락정관 이익
我實來此 欲見如來 何以故 我樂正觀 利益

중생 아관여래 여여상 불이상 부동상 부
衆生 我觀如來 如如相 不異相 不動相 不

작상 무생상 무멸상 불유상 불무상 부재
作相 無生相 無滅相 不有相 不無相 不在

방 불리방 비삼세 비불삼세 비이상 비불
方 不離方 非三世 非不三世 非二相 非不

이상 비구상 비정상 이여시등 정관여래
二相 非垢相 非淨相 以如是等 正觀如來

이익중생 불고 문수사리 약능여시 견어여
利益衆生 佛告 文殊師利 若能如是 見於如

래 심무소취 역무불취 비적취 비불적취
來 心無所取 亦無不取 非積聚 非不積聚

이시 사리불 어문수사리언 약능여시 여여
爾時 舍利弗 語文殊師利言 若能如是 如汝

소설 견여래자 심위희유 위일체중생고 견
所說 見如來者 甚爲希有 爲一切衆生故 見

어여래 이심불취 중생지상 화일체중생 향
於如來 而心不取 衆生之相 化一切衆生 向

어열반 이역불취 향열반상 위일체중생 발
於涅槃 而亦不取 向涅槃相 爲一切衆生 發

대장엄 이심불견 장엄지상 이시 문수사리
大莊嚴 而心不見 莊嚴之相 爾時 文殊師利

동진보살 마하살 어사리불언 여시여시 여
童眞菩薩 摩訶薩 語舍利弗言 如是如是 如

여소설 수위일체중생 발대장엄심 항불견
汝所說 雖爲一切衆生 發大莊嚴心 恒不見

유중생상 위일체중생 발대장엄 이중생취
有衆生相 爲一切衆生 發大莊嚴 而衆生趣

역부증불감 가사 일불주세 약일겁 약과일
亦不增不減 假使 一佛住世 若一劫 若過一

겁 여차 일불세계 부유 무량무변 항하사
劫 如此 一佛世界 復有 無量無邊 恒河沙

제불 여시 일일불 약일겁 약과일겁 주야
諸佛 如是 一一佛 若一劫 若過一劫 晝夜

설법 심무잠식 각각 도어무량 항하사 중
說法 心無暫息 各各 度於無量 恒河沙 衆

생 개입열반 이중생계 역부증불감 내지시
生 皆入涅槃 而衆生界 亦不增不減 乃至十

방 제불세계 역부여시 일일제불 설법교화
方 諸佛世界 亦復如是 一一諸佛 說法敎化

각도무량 항하사 중생 개입열반 어중생계
各度無量 恒河沙 衆生 皆入涅槃 於衆生界

역부증불감 하이고 중생정상 불가득고 시
亦不增不減 何以故 衆生定相 不可得故 是

고 중생계 부증불감 사리불 부어 문수사
故 衆生界 不增不減 舍利弗 復語 文殊師

리언 약중생계 부증불감 하고보살 위제중
利言 若衆生界 不增不減 何故菩薩 爲諸衆

생 구아뇩다라삼먁삼보리 상행설법 문수
生 求阿耨多羅三藐三菩提 常行說法 文殊

사리언 약제중생 실공상자 역무보살 구아
師利言 若諸衆生 悉空相者 亦無菩薩 求阿

뇩다라삼먁삼보리 역무중생 이위설법 하
耨多羅三藐三菩提 亦無衆生 而爲說法 何

이고 아설법중 무유일법 당가득고
以故 我說法中 無有一法 當可得故

이시 불고 문수사리 약무중생 운하 설유
爾時 佛告 文殊師利 若無衆生 云何 說有

중생 급중생계 문수사리언 중생계상 여제
衆生 及衆生界 文殊師利言 衆生界相 如諸

불계 우문 중생계자 시유량야 답왈 중생계
佛界 又問 衆生界者 是有量耶 答曰 衆生界

량 여불계량 불 우문 중생계량 유처소부
量 如佛界量 佛 又問 衆生界量 有處所不

답왈 중생계량 불가사의 우문 중생계상
答曰 衆生界量 不可思議 又問 衆生界相

위유주부 답왈 중생무주 유여공주 불고
爲有住不 答曰 衆生無住 猶如空住 佛告

문수사리 여시 수반야바라밀시 당운하주
文殊師利 如是 修般若波羅蜜時 當云何住

반야바라밀 문수사리언 이부주법 위주
般若波羅蜜 文殊師利言 以不住法 爲住

반야바라밀 불 부문 문수사리 운하 부주
般若波羅蜜 佛 復問 文殊師利 云何 不住

법명 주반야바라밀 문수사리언 이무주상
法名 住般若波羅蜜 文殊師利言 以無住相

즉 주반야바라밀 불 부고 문수사리 여시
即 住般若波羅蜜 佛 復告 文殊師利 如是

주반야바라밀시 시제선근 운하증장 운하
住般若波羅蜜時 是諸善根 云何增長 云何

손감 문수사리언 약능여시 주반야바라밀
損減 文殊師利言 若能如是 住般若波羅蜜

어제선근 무증무감 어일체법 역무증무감
於諸善根 無增無減 於一切法 亦無增無減

시반야바라밀 성상 역무증무감 세존 여시
是般若波羅蜜 性相 亦無增無減 世尊 如是

수반야바라밀즉 불사범부법 역불취현성
修般若波羅蜜則 不捨凡夫法 亦不取賢聖

법 하이고 반야바라밀 불견유법 가취가
法 何以故 般若波羅蜜 不見有法 可取可

사 여시 수반야바라밀 역불견 열반가락
捨 如是 修般若波羅蜜 亦不見 涅槃可樂

생사가염 하이고 불견생사 황부염리 불
生死可厭 何以故 不見生死 況復厭離 不

견열반 하황낙착 여시 수반야바라밀 불
見涅槃 何況樂著 如是 修般若波羅蜜 不

견 구뇌가사 역불견 공덕가취 어일체법
見 垢惱可捨 亦不見 功德可取 於一切法

심무증감 하이고 불견법계 유증감고 세
心無增減 何以故 不見法界 有增減故 世

존 약능여시 시명 수반야바라밀 세존 불
尊 若能如是 是名 修般若波羅蜜 世尊 不

견제법 유생유멸 시수반야바라밀 세존 불
見諸法 有生有滅 是修般若波羅蜜 世尊 不

견제법 유증유감 시수반야바라밀 세존 심
見諸法 有增有減 是修般若波羅蜜 世尊 心

무희취 불견법상 유가구자 시수반야바라
無悕取 不見法相 有可求者 是修般若波羅

밀 세존 불견호추 불생고하 부작취사 하
蜜 世尊 不見好醜 不生高下 不作取捨 何

이고 법무호추 이제상고 법무고하 등법성
以故 法無好醜 離諸相故 法無高下 等法性

고 법무취사 주실제고 시수반야바라밀 불
故 法無取捨 住實際故 是修般若波羅蜜 佛

고 문수사리 시제불법 득불승호 문수사리
告 文殊師利 是諸佛法 得不勝乎 文殊師利

언 아불견제법 유승여상 여래자각 일체법
言 我不見諸法 有勝如相 如來自覺 一切法

공 시가증지 불고 문수사리 여시여시 여
空 是可證知 佛告 文殊師利 如是如是 如

래정각 자증공법 문수사리 백불언 세존
來正覺 自證空法 文殊師利 白佛言 世尊

시공법중 당유승여 이가득야 불언 선재선
是空法中 當有勝如 而可得耶 佛言 善哉善

재 문수사리 여여소설 시진법호
哉 文殊師利 如汝所說 是眞法乎

불 부위 문수사리언 아뇩다라 시명불법부
佛 復謂 文殊師利言 阿耨多羅 是名佛法不

문수사리언 여불소설 아뇩다라 시명불법
文殊師利言 如佛所說 阿耨多羅 是名佛法

하이고 무법가득명 아뇩다라 문수사리언
何以故 無法可得名 阿耨多羅 文殊師利言

여시 수반야바라밀 불명법기 비화범부법
如是 修般若波羅蜜 不名法器 非化凡夫法

역비불법 비증장법 시수반야바라밀 부차
亦非佛法 非增長法 是修般若波羅蜜 復次

세존 수반야바라밀시 불견유법 가분별사
世尊 修般若波羅蜜時 不見有法 可分別思

유 불고 문수사리 여어불법 불사유야 문
惟 佛告 文殊師利 汝於佛法 不思惟耶 文

수사리언 불야 세존 여아사유 불견불법
殊師利言 不也 世尊 如我思惟 不見佛法

역불가분별 시범부법 시성문법 시벽지불
亦不可分別 是凡夫法 是聲聞法 是辟支佛

법 여시명위 무상불법 부차 수반야바라밀
法 如是名爲 無上佛法 復次 修般若波羅蜜

시 불견범부상 불견불법상 불견제법 유결
時 不見凡夫相 不見佛法相 不見諸法 有決

정상 시위 수반야바라밀 부차 수반야바라
定相 是爲 修般若波羅蜜 復次 修般若波羅

밀시 불견욕계 불견색계 불견무색계 불견
蜜時 不見欲界 不見色界 不見無色界 不見

적멸계 하이고 불견유법 시진멸상 시수반
寂滅界 何以故 不見有法 是盡滅相 是修般

야바라밀 부차 수반야바라밀시 불견작은
若波羅蜜 復次 修般若波羅蜜時 不見作恩

자 불견보은자 사유이상 심무분별 시수반
者 不見報恩者 思惟二相 心無分別 是修般

야바라밀 부차 수반야바라밀시 불견 시불
若波羅蜜 復次 修般若波羅蜜時 不見 是佛

법 가취 불견 시범부법 가사 시수반야바라
法 可取 不見 是凡夫法 可捨 是修般若波羅

밀 부차 수반야바라밀시 불견 범부법 가멸
蜜 復次 修般若波羅蜜時 不見 凡夫法 可滅

역불견불법 이심증지 시수반야바라밀 불
亦不見佛法 而心證知 是修般若波羅蜜 佛

고 문수사리 선재선재 여능 여시선설 심
告 文殊師利 善哉善哉 汝能 如是善說 甚

심 반야바라밀상 시제보살 마하살 소학법
深 般若波羅蜜相 是諸菩薩 摩訶薩 所學法

인 내지 성문연각 학무학인 역당 불리시인
印 乃至 聲聞緣覺 學無學人 亦當 不離是印

이수도과 불고 문수사리 약인 득문시법 불
而修道果 佛告 文殊師利 若人 得聞是法 不

경불외자 부종천불소 종제선근 내지 백천
驚不畏者 不從千佛所 種諸善根 乃至 百千

만억불소 구식덕본 내능어시 심심 반야바
萬億佛所 久植德本 乃能於是 甚深 般若波

라밀 불경불포 문수사리 백불언 세존 아
羅蜜 不驚不怖 文殊師利 白佛言 世尊 我

금갱설 반야바라밀의 불언변설 세존 수반
今更說 般若波羅蜜義 佛言便說 世尊 修般

야바라밀시 불견법 시응주 시불응주 역불
若波羅蜜時 不見法 是應住 是不應住 亦不

견경계 가취사상 하이고 여제여래 불견일
見境界 可取捨相 何以故 如諸如來 不見一

체법 경계상고 내지 불견 제불경계 황취
切法 境界相故 乃至 不見 諸佛境界 況取

성문연각 범부경계 불취 사의상 역불취
聲聞緣覺 凡夫境界 不取 思議相 亦不取

부사의상 불견제법 유약간상 자증공법 불
不思議相 不見諸法 有若干相 自證空法 不

가사의 여시보살 마하살 개이공양 무량백
可思議 如是菩薩 摩訶薩 皆已供養 無量百

천 만억제불 종제선근 내능어시 심심 반
千 萬億諸佛 種諸善根 乃能於是 甚深 般

야바라밀 불경불포 부차 수반야바라밀시
若波羅蜜 不驚不怖 復次 修般若波羅蜜時

불견박 불견해 이어범부 내지삼승 불견차
不見縛 不見解 而於凡夫 乃至三乘 不見差

별상 시수반야바라밀
別相 是修般若波羅蜜

불고 문수사리 여이공양 기소제불 문수사
佛告 文殊師利 汝已供養 幾所諸佛 文殊師

리언 아급제불 여환화상 불견공양 급여수
利言 我及諸佛 如幻化相 不見供養 及與受

자 불고 문수사리 여금 가부주 불승야 문
者 佛告 文殊師利 汝今 可不住 佛乘耶 文

수사리언 여아사유 불견일법 운하당득 주
殊師利言 如我思惟 不見一法 云何當得 住

어불승 불언 문수사리 여부득 불승호 문
於佛乘 佛言 文殊師利 汝不得 佛乘乎 文

수사리언 여불승자 단유명자 비가득 역불
殊師利言 如佛乘者 但有名字 非可得 亦不

가견 아운하득 불언 문수사리 여득 무애
可見 我云何得 佛言 文殊師利 汝得 無礙

지호 문수사리언 아즉무애 운하 이무애 이
智乎 文殊師利言 我卽無礙 云何 以無礙 而

득무애 불언 여좌도량호 문수사리언 일체
得無閡 佛言 汝坐道場乎 文殊師利言 一切

여래 부좌도량 아금운하 독좌도량 하이고
如來 不坐道場 我今云何 獨坐道場 何以故

현견제법 주실제고 불언 운하명 실제 문수
現見諸法 住實際故 佛言 云何名 實際 文殊

사리언 신견등시 실제 불언 운하신견시 실
師利言 身見等是 實際 佛言 云何身見是 實

제 문수사리언 신견여상 비실비불실 불래
際 文殊師利言 身見如相 非實非不實 不來

불거 역신비신 시명실제 사리불 백불언 세
不去 亦身非身 是名實際 舍利弗 白佛言 世

존 약어사의 체요결정 시명보살 마하살 하
尊 若於斯義 諦了決定 是名菩薩 摩訶薩 何

이고 득문여시 심심 반야바라밀상 심불경
以故 得聞如是 甚深 般若波羅蜜相 心不驚

불포 불몰불회 미륵보살 백불언 세존 득문
不怖 不沒不悔 彌勒菩薩 白佛言 世尊 得聞

여시 반야바라밀 구족법상 시즉 근어불좌
如是 般若波羅蜜 具足法相 是卽 近於佛坐

하이고 여래현각 차법상고 문수사리 백불
何以故 如來現覺 此法相故 文殊師利 白佛

언 세존 득문심심 반야바라밀 능불경불포
言 世尊 得聞甚深 般若波羅蜜 能不驚不怖

불몰불회 당지차인 즉시견불 이시 부유
不沒不悔 當知此人 卽是見佛 爾時 復有

무상우바이 백불언 세존 범부법 성문법
無相優婆夷 白佛言 世尊 凡夫法 聲聞法

벽지불법 불법 시제법 개무상 시고 어소
辟支佛法 佛法 是諸法 皆無相 是故 於所

종문반야바라밀 개불경불포 불몰불회 하
從聞般若波羅蜜 皆不驚不怖 不沒不悔 何

이고 일체제법 본무상고 불고 사리불 선남
以故 一切諸法 本無相故 佛告 舍利弗 善男

자 선녀인 약문여시 심심 반야바라밀 심득
子 善女人 若聞如是 甚深般若波羅蜜 心得

결정 불경불포 불몰불회 당지시인 즉주불
決定 不驚不怖 不沒不悔 當知是人 卽住不

퇴전지 약인문시 심심반야바라밀 불경불
退轉地 若人聞是 甚深般若波羅蜜 不驚不

포 신락청수 환희불염 시즉구족 단바라밀
怖 信樂聽受 歡喜不厭 是卽具足 檀波羅蜜

시바라밀 찬제바라밀 비리야바라밀 선바
尸波羅蜜 羼提波羅蜜 毘梨耶波羅蜜 禪波

라밀 반야바라밀 역능위타 현시분별 여설
羅蜜 般若波羅蜜 亦能爲他 顯示分別 如說

수행
修行

불고 문수사리 여관하의 위득 아뇩다라삼
佛告 文殊師利 汝觀何義 爲得 阿耨多羅三

먁삼보리 주아뇩다라삼먁삼보리 문수사
藐三菩提 住阿耨多羅三藐三菩提 文殊師

리언 아무득 아뇩다라삼먁삼보리 아부주
利言 我無得 阿耨多羅三藐三菩提 我不住

불승 운하당득 아뇩다라삼먁삼보리 여아
佛乘 云何當得 阿耨多羅三藐三菩提 如我

소설 즉보리상 불찬 문수사리언 선재선재
所說 卽菩提相 佛讚 文殊師利言 善哉善哉

여능어시 심심법중 교설사의 여어선불 구
汝能於是 甚深法中 巧說斯義 汝於先佛 久

종선근 이무상법 정수범행 문수사리언 약
種善根 以無相法 淨修梵行 文殊師利言 若

견유상 즉언무상 아금불견유상 역불견무
見有相 則言無相 我今不見有相 亦不見無

상운 하이언 이무상법 정수범행 불고 문수
相云 何而言 以無相法 淨修梵行 佛告 文殊

사리 여견성문계야 답왈견 불언 여운하견
師利 汝見聲聞戒耶 答曰見 佛言 汝云何見

문수사리언 아부작범부견 부작성인견 부
文殊師利言 我不作凡夫見 不作聖人見 不

작학견 부작무학견 부작대견 부작소견 부
作學見 不作無學見 不作大見 不作小見 不

작조복견 부작 부조복견 비견 비불견
作調伏見 不作 不調伏見 非見 非不見

사리불 어문수사리언 여금여시 관성문승
舍利弗 語文殊師利言 汝今如是 觀聲聞乘

약관불승 당부운하 문수사리언 불견보리
若觀佛乘 當復云何 文殊師利言 不見菩提

법 불견 수행보리 급증보리자 사리불 어문
法 不見 修行菩提 及證菩提者 舍利弗 語文

수사리언 운하명불 운하관불 문수사리언
殊師利言 云何名佛 云何觀佛 文殊師利言

운하위아 사리불언 아자 단유명자 명자상
云何爲我 舍利弗言 我者 但有名字 名字相

공 문수사리언 여시여시 여아 단유명자 불
空 文殊師利言 如是如是 如我 但有名字 佛

역 단유명자 명자상공 즉시보리 불이명자
亦 但有名字 名字相空 即是菩提 不以名字

이구보리 보리지상 무언무설 하이고 언설
而求菩提 菩提之相 無言無說 何以故 言說

보리 이구공고 부차 사리불 여문 운하명불
菩提 二俱空故 復次 舍利弗 汝問 云何名佛

운하관불자 불생불멸 불래불거 비명비상
云何觀佛者 不生不滅 不來不去 非名非相

시명위불 여자관신실상 관불역연 유유지
是名爲佛 如自觀身實相 觀佛亦然 唯有智

자 내능지이 시명관불 이시 사리불 백불
者 乃能知耳 是名觀佛 爾時 舍利弗 白佛

언 세존 여문수사리 소설 반야바라밀 비
言 世尊 如文殊師利 所說 般若波羅蜜 非

초학보살 소능요지 문수사리언 비단초학
初學菩薩 所能了知 文殊師利言 非但初學

보살 소불능지 급제이승 소작이판자 역미
菩薩 所不能知 及諸二乘 所作已辦者 亦未

능요지 여시설법 무능지자 하이고 보리지
能了知 如是說法 無能知者 何以故 菩提之

상 실무유법 이가지고 무견무문 무득무념
相 實無有法 而可知故 無見無聞 無得無念

무생무멸 무설무청 여시보리 성상공적 무
無生無滅 無說無聽 如是菩提 性相空寂 無

증무지 무형무상 운하당유 득보리자 사리
證無知 無形無相 云何當有 得菩提者 舍利

불 어문수사리언 불어법계 부증 아뇩다라
弗 語文殊師利言 佛於法界 不證 阿耨多羅

삼먁삼보리야 문수사리언 불야 사리불 하
三藐三菩提耶 文殊師利言 不也 舍利弗 何

이고 세존 즉시법계 약이법계 증법계자
以故 世尊 卽是法界 若以法界 證法界者

즉시쟁론 사리불 법계지상 즉시보리 하이
卽是諍論 舍利弗 法界之相 卽是菩提 何以

고 시법계중 무중생상 일체법공고 일체법
故 是法界中 無衆生相 一切法空故 一切法

공 즉시보리 무이 무분별고 사리불 무분별
空 卽是菩提 無二 無分別故 舍利弗 無分別

중 즉무지자 약무지자 즉무언설 무언설상
中 則無知者 若無知者 卽無言說 無言說相

즉비유비무 비지비부지 일체제법 역부여
卽非有非無 非知非不知 一切諸法 亦復如

시 하이고 일체제법 불견처소 결정성고
是 何以故 一切諸法 不見處所 決定性故

가역죄상 불가사의 하이고 제법실상 불가
加逆罪相 不可思議 何以故 諸法實相 不可

괴고 여시역죄 역무본성 불생천상 불타지
壞故 如是逆罪 亦無本性 不生天上 不墮地

옥 역불입열반 하이고 일체업연 개주실제
獄 亦不入涅槃 何以故 一切業緣 皆住實際

불래불거 비인비과 하이고 법계무변 무전
不來不去 非因非果 何以故 法界無邊 無前

무후고 시고 사리불 약견 범중비구 불타
無後故 是故 舍利弗 若見 犯重比丘 不墮

지옥 청정행자 불입열반 여시비구 비응공
地獄 淸淨行者 不入涅槃 如是比丘 非應供

비불응공 비진루 비부진루 하이고 어제법
非不應供 非盡漏 非不盡漏 何以故 於諸法

중 주평등고 사리불언 운하명 불퇴법인
中 住平等故 舍利弗言 云何名 不退法忍

문수사리언 불견소법 유생멸상 명불퇴법
文殊師利言 不見少法 有生滅相 名不退法

인 사리불언 운하부명 부조비구 문수사리
忍 舍利弗言 云何復名 不調比丘 文殊師利

언 누진아라한 시명부조 하이고 제결이진
言 漏盡阿羅漢 是名不調 何以故 諸結已盡

갱무소조 고명부조 약과심행 명위범부 하
更無所調 故名不調 若過心行 名爲凡夫 何

이고 범부중생 불순법계 시고명과 사리불
以故 凡夫衆生 不順法界 是故名過 舍利弗

언 선재선재 여금위아 선해누진 아라한의
言 善哉善哉 汝今爲我 善解漏盡 阿羅漢義

문수사리언 여시여시 아즉누진 진아라한
文殊師利言 如是如是 我卽漏盡 眞阿羅漢

하이고 단구성문욕 급벽지불욕 이시인연
何以故 斷求聲聞欲 及辟支佛欲 以是因緣

고 명누진득아라한
故 名漏盡得阿羅漢

불고 문수사리 제보살등 좌도량시 각오
佛告 文殊師利 諸菩薩等 坐道場時 覺悟

아뇩다라삼먁삼보리부 문수사리언 보살
阿耨多羅三藐三菩提不 文殊師利言 菩薩

좌어도량 무유각오 아뇩다라삼먁삼보리
坐於道場 無有覺悟 阿耨多羅三藐三菩提

하이고 여보리상 무유소법 이가득자 명아
何以故 如菩提相 無有少法 而可得者 名阿

뇩다라삼먁삼보리 무상보리 수능좌자 역
耨多羅三藐三菩提 無相菩提 誰能坐者 亦

무기자 이시인연 불견보살 좌어도량 역불
無起者 以是因緣 不見菩薩 坐於道場 亦不

각증 아뇩다라삼먁삼보리 문수사리 백불
覺證 阿耨多羅三藐三菩提 文殊師利 白佛

언 세존 보리즉오역 오역즉보리 하이고 보
言 世尊 菩提卽五逆 五逆卽菩提 何以故 菩

리오역 무이상고 무학 무학자 무견 무견자
提五逆 無二相故 無學 無學者 無見 無見者

무지 무지자 무분별 무분별자 여시지상 명
無知 無知者 無分別 無分別者 如是之相 名

위보리 견오역상 역부여시 약언 견유보리
爲菩提 見五逆相 亦復如是 若言 見有菩提

이취증자 당지차배 즉시 증상만인
而取證者 當知此輩 卽是 增上慢人

이시 세존고 문수사리 여언 아시여래 위아
爾時 世尊告 文殊師利 汝言 我是如來 謂我

위여래호 문수사리언 불야세존 아위불시
爲如來乎 文殊師利言 不也世尊 我謂不是

여래 위여래야 무유여상 가명위여 역무여
如來 爲如來耶 無有如相 可名爲如 亦無如

래지 능지어여 하이고 여래급지 무이상고
來智 能知於如 何以故 如來及智 無二相故

공위여래 단유명자 아당운하 위시여래 불
空爲如來 但有名字 我當云何 謂是如來 佛

고 문수사리 여의여래야 문수사리언 불야
告 文殊師利 汝疑如來耶 文殊師利言 不也

세존 아관여래 무결정성 무생무멸 고무소
世尊 我觀如來 無決定性 無生無滅 故無所

의 불고 문수사리 여금 불위여래 출현어
疑 佛告 文殊師利 汝今 不謂如來 出現於

세야 문수사리언 약유여래 출현세자 일체
世耶 文殊師利言 若有如來 出現世者 一切

법계 역응출현 불고 문수사리 여위 항사
法界 亦應出現 佛告 文殊師利 汝謂 恒沙

제불 입열반야 문수사리언 제불일상 불가
諸佛 入涅槃耶 文殊師利言 諸佛一相 不可

사의 불어 문수사리 여시여시 불시일상
思議 佛語 文殊師利 如是如是 佛是一相

부사의상 문수사리 백불언 세존 불금주세
不思議相 文殊師利 白佛言 世尊 佛今住世

야 불어 문수사리 여시여시 문수사리언
耶 佛語 文殊師利 如是如是 文殊師利言

약불주세 항사제불 역응주세 하이고 일체
若佛住世 恒沙諸佛 亦應住世 何以故 一切

제불 개동일상 부사의상 부사의상 무생무
諸佛 皆同一相 不思議相 不思議相 無生無

멸 약미래제불 출흥어세 일체제불 역개출
滅 若未來諸佛 出興於世 一切諸佛 亦皆出

세 하이고 부사의중 무과거미래 현재상 단
世 何以故 不思議中 無過去未來 現在相 但

중생취착 위유출세 위불멸도 불어 문수사
衆生取著 謂有出世 謂佛滅度 佛語 文殊師

리 차시 여래 아라한 아비발치보살 소해
利 此是 如來 阿羅漢 阿鞞跋致菩薩 所解

하이고 시삼종인 문심심법 능불비방 역불
何以故 是三種人 聞甚深法 能不誹謗 亦不

찬탄 문수사리 백불언 세존 여시 부사의법
讚歎 文殊師利 白佛言 世尊 如是 不思議法

수당비방 수당찬탄 불고 문수사리 여래 부
誰當誹謗 誰當讚歎 佛告 文殊師利 如來 不

사의 범부 역부사의 문수사리 백불언 세존
思議 凡夫 亦不思議 文殊師利 白佛言 世尊

범부 역부사의야 불언 역부사의 하이고 일
凡夫 亦不思議耶 佛言 亦不思議 何以故 一

체심상 개부사의 문수사리언 약여시설 여
切心相 皆不思議 文殊師利言 若如是說 如

래 부사의 범부역부사의 금무수제불 구어
來 不思議 凡夫亦不思議 今無數諸佛 求於

열반 도자피로 하이고 부사의법 즉시열반
涅槃 徒自疲勞 何以故 不思議法 卽是涅槃

등무이고 문수사리언 여시범부 부사의 제
等無異故 文殊師利言 如是凡夫 不思議 諸

불 부사의 약선남자 선여인 구습선근 근선
佛 不思議 若善男子 善女人 久習善根 近善

지식 내능요지 불고 문수사리 여욕사여래
知識 乃能了知 佛告 文殊師利 汝欲使如來

어중생중 위최승야 문수사리언 아욕사여
於衆生中 爲最勝耶 文殊師利言 我欲使如

래 어제중생 위최제일 단중생상 역불가득
來 於諸衆生 爲最第一 但衆生相 亦不可得

불언 여욕사여래 득부사의법야 문수사리
佛言 汝欲使如來 得不思議法耶 文殊師利

언 욕사여래 득부사의법 이어제법 무성취
言 欲使如來 得不思議法 而於諸法 無成就

자 불고 문수사리 여욕사여래 설법교화야
者 佛告 文殊師利 汝欲使如來 說法教化耶

문수사리 백불언 아욕사여래 설법교화 이
文殊師利 白佛言 我欲使如來 說法教化 而

시설급청자 개불가득 하이고 주법계고 법
是說及聽者 皆不可得 何以故 住法界故 法

계중생 무차별상 불고 문수사리 여욕사여
界衆生 無差別相 佛告 文殊師利 汝欲使如

래 위무상복전야 문수사리언 여래 시무진
來 爲無上福田耶 文殊師利言 如來 是無盡

복전 시무진상 무진상즉 무상복전 비복전
福田 是無盡相 無盡相卽 無上福田 非福田

비불복전 시명복전 무유명암 생멸등상 시
非不福田 是名福田 無有明闇 生滅等相 是

명복전 약능여시 해복전상 심식선종 역무
名福田 若能如是 解福田相 深植善種 亦無

증감 불고 문수사리 운하식종 부증불감
增減 佛告 文殊師利 云何植種 不增不減

문수사리언 복전지상 불가사의 약인어중
文殊師利言 福田之相 不可思議 若人於中

여법수선 역불가사의 여시식종 명무증무
如法修善 亦不可思議 如是植種 名無增無

감 역시무상 최승복전
減 亦是無上 最勝福田

이시대지 이불신력 육종진동 현무상상 일
爾時大地 以佛神力 六種震動 現無常相 一

만육천인 개득 무생법인 칠백비구 삼천우
萬六千人 皆得 無生法忍 七百比丘 三千優

바새 사만우바이 육십억 나유타 육욕제천
婆塞 四萬優婆夷 六十億 那由他 六欲諸天

원진리구 어제법중 득법안정
遠塵離垢 於諸法中 得法眼淨

이시아난 종좌이기 편단우견 우슬착지 백
爾時阿難 從座而起 偏袒右肩 右膝著地 白

불언 세존 하인연고 여시대지 육종진동
佛言 世尊 何因緣故 如是大地 六種震動

불고아난 아설복전 무차별상 고현사서 왕
佛告阿難 我說福田 無差別相 故現斯瑞 往

석제불 역어차처 작여시설 복전지상 이익
昔諸佛 亦於此處 作如是說 福田之相 利益

중생 일체세계 육종진동 사리불 백불언
衆生 一切世界 六種震動 舍利弗 白佛言

세존 문수사리 시불가사의 하이고 소설법
世尊 文殊師利 是不可思議 何以故 所說法

상 불가사의 불고 문수사리 여시여시 여
相 不可思議 佛告 文殊師利 如是如是 如

사리불언 여지소설 실불가사의 문수사리
舍利弗言 汝之所說 實不可思議 文殊師利

백불언 세존 불가사의 불가설 사의역 불가
白佛言世尊 不可思議 不可說 思議亦不可

설 여시사의 부사의성 구불가설 일체성상
說 如是思議 不思議性 俱不可說 一切聲相

비사의 역비불가사의 불언여입 부사의삼
非思議 亦非不可思議 佛言汝入 不思議三

매야 문수사리언 불야세존 아즉부사의 불
昧耶 文殊師利言 不也世尊 我卽不思議 不

견유심 능사의자 운하이언 입부사의삼매
見有心 能思議者 云何而言 入不思議三昧

아초발심 욕입시정 이금사유 실무심상 이
我初發心 欲入是定 而今思惟 實無心相 而

입삼매 여인학사 구습즉교 후수무심 이구
入三昧 如人學射 久習則巧 後雖無心 以久

습고 전발개중 아역여시 초학 부사의삼매
習故 箭發皆中 我亦如是 初學 不思議三昧

계심일연 약구습성취 갱무심상 항여정구
繫心一緣 若久習成就 更無心想 恒與定俱

사리불 어문수사리언 갱유승묘 적멸정부
舍利弗 語文殊師利言 更有勝妙 寂滅定不

문수사리언 약유 부사의정자 여가문언 갱
文殊師利言 若有 不思議定者 汝可問言 更

유적멸정부 여아의해 불가사의정 상불가
有寂滅定不 如我意解 不可思議定 常不可

득 운하문유 적멸정호 사리불언 불가사
得 云何問有 寂滅定乎 舍利弗言 不可思

의정 불가득야 문수사리언 사의정자 시
議定 不可得耶 文殊師利言 思議定者 是

가득상 불가사의정자 불가득상 일체중생
可得相 不可思議定者 不可得相 一切衆生

실성취 부사의정 하이고 일체심상 즉비
實成就 不思議定 何以故 一切心相 卽非

심고 시명부사의정 시고 일체중생상 급
心故 是名不思議定 是故 一切衆生相 及

부사의삼매상 등무분별 불찬 문수사리언
不思議三昧相 等無分別 佛讚 文殊師利言

선재선재 여어제불 구식선근 정수범행
善哉善哉 汝於諸佛 久殖善根 淨修梵行

내능연설 심심삼매 여금안주 여시 반야바
乃能演說 甚深三昧 汝今安住 如是 般若波

라밀중 문수사리언 약아주 반야바라밀중
羅蜜中 文殊師利言 若我住 般若波羅蜜中

능작시설 즉시유상 변주아상 약주유상 아
能作是說 即是有想 便住我想 若住有想 我

상중자 반야바라밀 변유처소 반야바라밀
想中者 般若波羅蜜 便有處所 般若波羅蜜

약주어무 역시아상 역명처소 이차이처 주
若住於無 亦是我想 亦名處所 離此二處 住

무소주 여제불주 안처적멸 비사의경계 여
無所住 如諸佛住 安處寂滅 非思議境界 如

시 부사의명 반야바라밀주처 반야바라밀
是 不思議名 般若波羅蜜住處 般若波羅蜜

처 일체법무상 일체법무작 반야바라밀즉
處 一切法無相 一切法無作 般若波羅蜜卽

부사의 부사의즉 법계 법계즉 무상 무상
不思議 不思議卽 法界 法界卽 無相 無相

즉 부사의 부사의즉 반야바라밀 반야바라
卽 不思議 不思議卽 般若波羅蜜 般若波羅

밀 법계 무이무별 무이무별즉 법계 법계
蜜 法界 無二無別 無二無別卽 法界 法界

즉무상 무상즉 반야바라밀계 반야바라밀
卽無相 無相卽 般若波羅蜜界 般若波羅蜜

계즉 부사의계 부사의계즉 무생무멸계
界卽 不思議界 不思議界卽 無生無滅界

무생무멸계즉 부사의계 문수사리언 여래
無生無滅界卽 不思議界 文殊師利言 如來

계 급아계 즉불이상 여시 수반야바라밀자
界 及我界 卽不二相 如是 修般若波羅蜜者

즉 불구보리 하이고 보리상리 즉시반야
則 不求菩提 何以故 菩提相離 卽是般若

바라밀고 세존 약지아상 이불가착 무지무
波羅蜜故 世尊 若知我相 而不可著 無知無

착 시불소지 불가사의 무지무착 즉불소
著 是佛所知 不可思議 無知無著 卽佛所

지 하이고 지체본성 무소유상 운하 능전
知 何以故 知體本性 無所有相 云何 能轉

법계 약지본성 무체무착자 즉명무물 약
法界 若知本性 無體無著者 卽名無物 若

무유물 시무처소 무의무주 무의무주즉 무
無有物 是無處所 無依無住 無依無住卽 無

생무멸 무생무멸즉 시유위 무위공덕 약여
生無滅 無生無滅卽 是有爲 無爲功德 若如

시지 즉무심상 무심상자 운하당지 유위무
是知 則無心想 無心想者 云何當知 有爲無

위공덕 무지즉 부사의 부사의자 시불소지
爲功德 無知卽 不思議 不思議者 是佛所知

역무취 무불취 불견삼세 거래등상 불취생
亦無取 無不取 不見三世 去來等相 不取生

멸 급제기작 역부단불상 여시지자 시명정
滅 及諸起作 亦不斷不常 如是知者 是名正

지 부사의지 여허공 무차무피 불가비류
智 不思議智 如虛空 無此無彼 不可比類

무호오 무등등 무상무모 불고 문수사리
無好惡 無等等 無相無貌 佛告 文殊師利

약여시지 명불퇴지 문수사리언 무작지 명
若如是知 名不退智 文殊師利言 無作智 名

불퇴지 유여금정 선가추타 방지호오 약불
不退智 猶如金鋌 先加鎚打 方知好惡 若不

치타 무능지자 불퇴지상 역부여시 요행
治打 無能知者 不退智相 亦復如是 要行

경계 불념불착 무기무작 구족부동 불생
境界 不念不著 無起無作 具足不動 不生

불멸 이내현현 이시불고 문수사리언 여
不滅 爾乃顯現 爾時佛告 文殊師利言 如

제여래 자설기지 수당능신 문수사리언
諸如來 自說己智 誰當能信 文殊師利言

여시지자 비열반법 비생사법 시적멸행
如是智者 非涅槃法 非生死法 是寂滅行

시무동행 부단탐욕 진에우치 역비부단
是無動行 不斷貪欲 瞋恚愚癡 亦非不斷

하이고 무진무멸 불리생사 역비불리 불
何以故 無盡無滅 不離生死 亦非不離 不

수도 비불수도 작시해자 명위정신 불고
修道 非不修道 作是解者 名爲正信 佛告

문수사리언 선재선재 여여소설 심해사의
文殊師利言 善哉善哉 如汝所說 深解斯義

이시 마하가섭 백불언 세존 어당래세 약
爾時 摩訶迦葉 白佛言 世尊 於當來世 若

설여시 심심정법 수능신해 여문수행 불고
說如是 甚深正法 誰能信解 如聞受行 佛告

가섭 금차회중 비구 비구니 우바새 우바
迦葉 今此會中 比丘 比丘尼 優婆塞 優婆

이 득문차경자 여시인등 어미래세 약문시
夷 得聞此經者 如是人等 於未來世 若聞是

법 필능신해 어심심반야바라밀 내능독송
法 必能信解 於甚深般若波羅蜜 乃能讀誦

신해수지 역위타인 분별연설 비여장자 실
信解受持 亦爲他人 分別演說 譬如長者 失

마니보 우수고뇌 후약환득 심심환희 여시
摩尼寶 憂愁苦惱 後若還得 心甚歡喜 如是

가섭 비구 비구니 우바새 우바이등 역부
迦葉 比丘 比丘尼 優婆塞 優婆夷等 亦復

여시 유신락심 약불문법 즉생고뇌 약득문
如是 有信樂心 若不聞法 則生苦惱 若得聞

시 신해수지 상락독송 심대환희 당지차인
時 信解受持 常樂讀誦 甚大歡喜 當知此人

즉시견불 역즉친근 공양제불 불고가섭 비
卽是見佛 亦卽親近 供養諸佛 佛告迦葉 譬

여 도리천상 바리질다라수 포초출시 시
如 忉利天上 波利質多羅樹 皰初出時 是

중제천 견시수이 개대환희 차수불구 필
中諸天 見是樹已 皆大歡喜 此樹不久 必

당개부 약비구 비구니 우바새 우바이 득문
當開敷 若比丘 比丘尼 優婆塞 優婆夷 得聞

반야바라밀 능생신해 역부여시 차인불구
般若波羅蜜 能生信解 亦復如是 此人不久

역당개부 일체불법 어당래세 유비구 비
亦當開敷 一切佛法 於當來世 有比丘 比

구니 우바새 우바이 문반야바라밀 신수
丘尼 優婆塞 優婆夷 聞般若波羅蜜 信受

독송 심불회몰 당지시인 이종차회 청수
讀誦 心不悔沒 當知是人 已從此會 聽受

시경 역능위인 취락성읍 광설유포 당지
是經 亦能爲人 聚落城邑 廣說流布 當知

시인 불소호념 여시심심 반야바라밀중
是人 佛所護念 如是甚深 般若波羅蜜中

유능신락 무의혹자 시선남자 선여인 어
有能信樂 無疑惑者 是善男子 善女人 於

과거제불 구이수학 식중선근 비여유인 이
過去諸佛 久已修學 殖衆善根 譬如有人 以

수천주 홀우무상 진마니보 심대환희 당지
手穿珠 忽遇無上 眞摩尼寶 心大歡喜 當知

시인 필이증견 여시가섭 약선남자 선여인
是人 必已曾見 如是迦葉 若善男子 善女人

수학여법 홀연득문 심심반야바라밀 능생
修學餘法 忽然得聞 甚深般若波羅蜜 能生

환희 역부여시 당지차인 이증문고 약유중
歡喜 亦復如是 當知此人 已曾聞故 若有衆

생 득문심심 반야바라밀 심능신수 생대환
生 得聞甚深 般若波羅蜜 心能信受 生大歡

희 여시인등 역증친근 무수제불 종문반야
喜 如是人等 亦曾親近 無數諸佛 從聞般若

바라밀 이수학고 비여유인 선소경견 성읍
波羅蜜 已修學故 譬如有人 先所經見 城邑

취락 후약문인 찬탄피성 소유원원 종종지
聚落 後若聞人 讚歎彼城 所有園苑 種種池

천 화과임수 남여인민 개가애락 시인문이
泉 華果林樹 男女人民 皆可愛樂 是人聞已

즉대환희 갱권령설 시성원원 중호엄식 잡
卽大歡喜 更勸令說 是城園苑 衆好嚴飾 雜

화지천 다제감과 종종진묘 일체애락 시인
華池泉 多諸甘果 種種珍妙 一切愛樂 是人

득문 중심환희 여시지인 개증견고 약선남
得聞 重甚歡喜 如是之人 皆曾見故 若善男

자 선여인 유문반야바라밀 신심청수 능생
子 善女人 有聞般若波羅蜜 信心聽受 能生

환희 낙문불염 이갱권설 당지차배 이종문
歡喜 樂聞不厭 而更勸說 當知此輩 已從文

수사리 증문여시 반야바라밀고 가섭 백불
殊師利 曾聞如是 般若波羅蜜故 迦葉 白佛

언 세존 약장내세 선남자 선여인 득문 시
言 世尊 若將來世 善男子 善女人 得聞 是

심심반야바라밀 신락청수 이시상고 당지
甚深般若波羅蜜 信樂聽受 以是相故 當知

차인 역어과거불소 증문수학 문수사리 백
此人 亦於過去佛所 曾聞修學 文殊師利 白

불언 세존 불설제법 무작무상 제일적멸
佛言 世尊 佛說諸法 無作無相 第一寂滅

약선남자 선여인 유능여시 체요사의 여문
若善男子 善女人 有能如是 諦了斯義 如聞

여설 위제여래지소찬탄 불위법상 시즉불
如說 爲諸如來之所讚歎 不違法相 是卽佛

설 역시치연 반야바라밀상 역명치연 구족
說 亦是熾然 般若波羅蜜相 亦名熾燃 具足

불법 통달실상 불가사의
佛法 通達實相 不可思議

불고 문수사리 아본행 보살도시 수제선근
佛告 文殊師利 我本行 菩薩道時 修諸善根

욕주 아비발치지 당학반야바라밀 욕성 아
欲住 阿鞞跋致地 當學般若波羅蜜 欲成 阿

녹다라삼먁삼보리 당학반야바라밀 약선
耨多羅三藐三菩提 當學般若波羅蜜 若善

남자 선여인 욕해 일체법상 욕지 일체중생
男子 善女人 欲解 一切法相 欲知 一切衆生

심계 개실동등 당학반야바라밀 문수사리
心界 皆悉同等 當學般若波羅蜜 文殊師利

욕학 일체불법 구족무애 당학반야바라밀
欲學 一切佛法 具足無礙 當學般若波羅蜜

욕학 일체불성 아뇩다라삼먁삼보리시 상
欲學 一切佛成 阿耨多羅三藐三菩提時 相

호위의 무량법식 당학반야바라밀 욕지일
好威儀 無量法式 當學般若波羅蜜 欲知一

체불 불성 아뇩다라삼먁삼보리 일체법식
切佛 不成 阿耨多羅三藐三菩提 一切法式

급제위의 당학반야바라밀 하이고 시공법
及諸威儀 當學般若波羅蜜 何以故 是空法

중 불견제불 보리등고 약선남자 선여인
中 不見諸佛 菩提等故 若善男子 善女人

욕지 여시등상 무의혹자 당학반야바라밀
欲知 如是等相 無疑惑者 當學般若波羅蜜

하이고 반야바라밀 불견제법 약생약멸 약
何以故 般若波羅蜜 不見諸法 若生若滅 若

구약정 시고 선남자 선여인 응작여시 학반
垢若淨 是故 善男子 善女人 應作如是 學般

야바라밀 욕지일체 법무과거미래 현재등
若波羅蜜 欲知一切 法無過去未來 現在等

상 당학반야바라밀 하이고 법계성상 무삼
相 當學般若波羅蜜 何以故 法界性相 無三

세고 욕지일체법 동입법계 심무가애 당학
世故 欲知一切法 同入法界 心無罣礙 當學

반야바라밀 욕득 삼전십이행 법륜 역자증
般若波羅蜜 欲得 三轉十二行 法輪 亦自證

지 이불취착 당학반야바라밀 욕득자심변
知 而不取著 當學般若波羅蜜 欲得慈心遍

부 일체중생 이무한제 역부작념 유중생상
覆 一切衆生 而無限齊 亦不作念 有衆生相

당학반야바라밀 욕득 어일체중생 불기쟁
當學般若波羅蜜 欲得 於一切衆生 不起諍

론 역부불취 무쟁론상 당학반야바라밀 욕
論 亦復不取 無諍論相 當學般若波羅蜜 欲

지 시처비처 십력무외 주불지혜 득무애변
知 是處非處 十力無畏 住佛智慧 得無礙辯

당학반야바라밀 이시 문수사리 백불언 세
當學般若波羅蜜 爾時 文殊師利 白佛言 世

존 아관정법 무위무상 무득무리 무생무멸
尊 我觀正法 無爲無相 無得無利 無生無滅

무래무거 무지자 무견자 무작자 불견반야
無來無去 無知者 無見者 無作者 不見般若

바라밀 역불견 반야바라밀 경계 비증비부
波羅蜜 亦不見 般若波羅蜜 境界 非證非不

증 부작희론 무유분별 일체법 무진리진
證 不作戱論 無有分別 一切法 無盡離盡

무범부법 무성문법 무벽지불법 불법 비
無凡夫法 無聲聞法 無辟支佛法 佛法 非

득 비부득 불사생사 부증열반 비사의 비
得 非不得 不捨生死 不證涅槃 非思議 非

부사의 비작 비부작 법상여시 부지운하 당
不思議 非作 非不作 法相如是 不知云何 當

학반야바라밀 이시 불고 문수사리 약능여
學般若波羅蜜 爾時 佛告 文殊師利 若能如

시 지제법상 시명 당학반야바라밀 보살
是 知諸法相 是名 當學般若波羅蜜 菩薩

마하살 약욕학보리 자재삼매 득시삼매이
摩訶薩 若欲學菩提 自在三昧 得是三昧已

조명일체 심심불법 급지일체 제불명자
照明一切 甚深佛法 及知一切 諸佛名字

역실요달 제불세계 무유장애 당여 문수
亦悉了達 諸佛世界 無有障礙 當如 文殊

사리소설 반야바라밀중학
師利所說 般若波羅蜜中學

문수사리 백불언 세존 하이고 명반야바라
文殊師利 白佛言 世尊 何以故 名般若波羅

밀 불언 반야바라밀 무변무제 무명무상
蜜 佛言 般若波羅蜜 無邊無際 無名無相

비사량 무귀의 무주저 무범무복 무회무명
非思量 無歸依 無洲渚 無犯無福 無晦無明

유여법계 무유분제 역무한수 시명반야바
猶如法界 無有分齊 亦無限數 是名般若波

라밀 역명보살 마하살행처 비처 비불행처
羅蜜 亦名菩薩 摩訶薩行處 非處 非不行處

실입일승 명비행처 하이고 무념무작고 문
悉入一乘 名非行處 何以故 無念無作故 文

수사리 백불언 세존 당운하행 능속득 아
殊師利 白佛言 世尊 當云何行 能速得 阿

녹다라삼먁삼보리 불언 문수사리 여반야
耨多羅三藐三菩提 佛言 文殊師利 如般若

바라밀 소설행 능속득 아뇩다라삼먁삼보
波羅蜜 所說行 能速得 阿耨多羅三藐三菩

리 부유 일행삼매 약선남자 선여인 수시
提 復有 一行三昧 若善男子 善女人 修是

삼매자 역속득 아뇩다라삼먁삼보리 문수
三昧者 亦速得 阿耨多羅三藐三菩提 文殊

사리언 세존 운하명 일행삼매 불언 법계
師利言 世尊 云何名 一行三昧 佛言 法界

일상 계연법계 시명 일행삼매 약선남자
一相 繫緣法界 是名 一行三昧 若善男子

선여인 욕입 일행삼매 당선문 반야바라밀
善女人 欲入 一行三昧 當先聞 般若波羅蜜

여설수학 연후능입 일행삼매 여법계연
如說修學 然後能入 一行三昧 如法界緣

불퇴불괴 부사의 무애무상 선남자 선여
不退不壞 不思議 無礙無相 善男子 善女

인 욕입 일행삼매 응처공한 사제난의 불
人 欲入 一行三昧 應處空閑 捨諸亂意 不

취상모 계심일불 전칭명자 수불방소 단
取相貌 繫心一佛 專稱名字 隨佛方所 端

신정향 능어일불 염념상속 즉시념중 능
身正向 能於一佛 念念相續 即是念中 能

견 과거미래 현재제불 하이고 염일불공덕
見 過去未來 現在諸佛 何以故 念一佛功德

무량무변 역여무량제불 공덕무이 부사의
無量無邊 亦與無量諸佛 功德無二 不思議

불법 등무분별 개승일여 성최정각 실구무
佛法 等無分別 皆乘一如 成最正覺 悉具無

량공덕 무량변재 여시 입일행삼매자 진지
量功德 無量辯才 如是 入一行三昧者 盡知

항사 제불법계 무차별상 아난 소문불법
恒沙 諸佛法界 無差別相 阿難 所聞佛法

득념총지 변재지혜 어성문중 수위최승 유
得念總持 辯才智慧 於聲聞中 雖爲最勝 猶

주량수 즉유한애 약득 일행삼매 제경법문
住量數 則有限礙 若得 一行三昧 諸經法門

일일분별 개실요지 결정무애 주야상설 지
一一分別 皆悉了知 決定無礙 晝夜常說 智

혜변재 종부단절 약비아난 다문변재 백천
慧辯才 終不斷絕 若比阿難 多聞辯才 百千

등분 불급기일 보살마하살 응작시념 아당
等分 不及其一 菩薩摩訶薩 應作是念 我當

운하 체득 일행삼매 불가사의공덕 무량명
云何 逮得 一行三昧 不可思議功德 無量名

칭 불언 보살마하살 당념 일행삼매 상근정
稱 佛言 菩薩摩訶薩 當念 一行三昧 常勤精

진 이불해태 여시차제 점점수학 즉능득입
進 而不懈怠 如是次第 漸漸修學 則能得入

일행삼매 불가사의 공덕작증 제방정법 불
一行三昧 不可思議 功德作證 除謗正法 不

신 악업 중죄장자 소불능입 부차 문수사리
信 惡業 重罪障者 所不能入 復次 文殊師利

비여유인 득마니주 시기주사 주사답언 차시
譬如有人 得摩尼珠 示其珠師 珠師答言 此是

무가 진마니보 즉구사언 위아치마 물실광
無價 眞摩尼寶 卽求師言 爲我治磨 勿失光

색 주사치이 수기마시 주색광명 영철표리
色 珠師治已 隨其磨時 珠色光明 映徹表裏

문수사리 약유선남자 선여인 수학 일행삼
文殊師利 若有善男子 善女人 修學 一行三

매 불가사의공덕 무량명칭 수수학시 지제
昧 不可思議功德 無量名稱 隨修學時 知諸

법상 명달무애 공덕증장 역부여시 문수사
法相 明達無礙 功德增長 亦復如是 文殊師

리 비여일륜 광명변만 무유감상 약득일행
利 譬如日輪 光明遍滿 無有減相 若得一行

삼매 실능구족 일체공덕 무유결소 역부여
三昧 悉能具足 一切功德 無有缺少 亦復如

시 조명불법 여일륜광 문수사리 아소설법
是 照明佛法 如日輪光 文殊師利 我所說法

개시 일미리미 해탈미 적멸미 약선남자
皆是 一味離味 解脫味 寂滅味 若善男子

선여인 득시 일행삼매자 기소연설 역시 일
善女人 得是 一行三昧者 其所演說 亦是 一

미리미 해탈미 적멸미 수순정법 무착류상
味離味 解脫味 寂滅味 隨順正法 無錯謬相

문수사리 약보살마하살 득시 일행삼매 개
文殊師利 若菩薩摩訶薩 得是 一行三昧 皆

실만족 조도지법 속득 아뇩다라삼먁삼보
悉滿足 助道之法 速得 阿耨多羅三藐三菩

리 부차 문수사리 보살마하살 불견법계
提 復次 文殊師利 菩薩摩訶薩 不見法界

유분별상 급이일상 속득 아뇩다라삼먁삼
有分別相 及以一相 速得 阿耨多羅三藐三

보리상 불가사의 시보리중 역무득불 여시
菩提相 不可思議 是菩提中 亦無得佛 如是

지자 속득 아뇩다라삼먁삼보리 약신일체
知者 速得 阿耨多羅三藐三菩提 若信一切

법 실시불법 불생경포 역불의혹 여시인자
法 悉是佛法 不生驚怖 亦不疑惑 如是忍者

속득 아뇩다라삼먁삼보리 문수사리 백불
速得 阿耨多羅三藐三菩提 文殊師利 白佛

언 세존 이여시인 속득 아뇩다라삼먁삼보
言 世尊 以如是因 速得 阿耨多羅三藐三菩

리야 불언 득아뇩다라삼먁삼보리 불이인
提耶 佛言 得阿耨多羅三藐三菩提 不以因

득 불이비인득 하이고 부사의계 불이인득
得 不以非因得 何以故 不思議界 不以因得

불이비인득 약선남자 선여인 문여시설 불
不以非因得 若善男子 善女人 聞如是說 不

생해태 당지시인 이어선불 종제선근 시고
生懈怠 當知是人 已於先佛 種諸善根 是故

비구 비구니 문설 시심심 반야바라밀 불생
比丘 比丘尼 聞說 是甚深 般若波羅蜜 不生

경포 즉시 종불출가 약우바새 우바이 득문
驚怖 卽是 從佛出家 若優婆塞 優婆夷 得聞

여시 심심반야바라밀 심불경포 즉시성취
如是 甚深般若波羅蜜 心不驚怖 卽是成就

진귀의처 문수사리 약선남자 선여인 불습
眞歸依處 文殊師利 若善男子 善女人 不習

심심반야바라밀 즉시 불수불승 비여대지
甚深般若波羅蜜 卽是 不修佛乘 譬如大地

일체약목 개의지생장 문수사리 보살마하
一切藥木 皆依地生長 文殊師利 菩薩摩訶

살 역부여시 일체선근 개의반야바라밀 이
薩 亦復如是 一切善根 皆依般若波羅蜜 而

득증장 어아뇩다라삼먁삼보리 불상위배
得增長 於阿耨多羅三藐三菩提 不相違背

이시 문수사리 백불언 세존 차염부제 성
爾時 文殊師利 白佛言 世尊 此閻浮提 城

읍취락 당어하처 연설여시 심심반야바라
邑聚落 當於何處 演說如是 甚深般若波羅

밀 불고 문수사리 금차회중 약유인문 반
蜜 佛告 文殊師利 今此會中 若有人聞 般

야바라밀 개발서언 어미래세 상득 여반야
若波羅蜜 皆發誓言 於未來世 常得 與般若

바라밀상응 종시신해 미래세중 능청시경
波羅蜜相應 從是信解 未來世中 能聽是經

당지차인 부종 여소선근중래 소능감수 문
當知此人 不從 餘小善根中來 所能堪受 聞

이환희 문수사리 약부 유인종여청 시반야
已歡喜 文殊師利 若復 有人從汝聽 是般若

바라밀 응작시언 차반야바라밀중 무성문
波羅蜜 應作是言 此般若波羅蜜中 無聲聞

벽지불법 불법 역무범부 생멸등법 문수사
辟支佛法 佛法 亦無凡夫 生滅等法 文殊師

리 백불언 세존 약비구 비구니 우바새 우
利 白佛言 世尊 若比丘 比丘尼 優婆塞 優

바이 내문아언 운하여래 설반야바라밀 아
婆夷 來問我言 云何如來 說般若波羅蜜 我

당답언 일체제법 무쟁론상 운하여래 당설
當答言 一切諸法 無諍論相 云何如來 當說

반야바라밀 하이고 불견유법 가여법쟁론
般若波羅蜜 何以故 不見有法 可與法諍論

역무중생 심식능지 부차세존 아당갱설 구
亦無衆生 心識能知 復次世尊 我當更說 究

경실제 하이고 일체법상 동입실제 아라한
竟實際 何以故 一切法相 同入實際 阿羅漢

무별승법 하이고 아라한법 범부법 불일불
無別勝法 何以故 阿羅漢法 凡夫法 不一不

이고 부차세존 여시설법 무유중생 이득열
異故 復次世尊 如是說法 無有衆生 已得涅

반 금득당득 하이고 무유결정 중생상고
槃 今得當得 何以故 無有決定 衆生相故

문수사리언 약인욕문 반야바라밀 아당작
文殊師利言 若人欲聞 般若波羅蜜 我當作

여시설 기유청자 불염불착 무문무득 당여
如是說 其有聽者 不念不著 無聞無得 當如

환인 무소분별 여시설자 시진설법 시고청
幻人 無所分別 如是說者 是眞說法 是故聽

자 막작이상 불사제견 이수불법 불취불법
者 莫作二相 不捨諸見 而修佛法 不取佛法

불사범부법 하이고 불급범부 이법상공 무
不捨凡夫法 何以故 佛及凡夫 二法相空 無

취사고 약인문아 당작시설 여시안위 여시
取捨故 若人問我 當作是說 如是安慰 如是

건립 선남자 선여인 응여시문 작여시주
建立 善男子 善女人 應如是問 作如是住

심불퇴불몰 당여법상 수순반야바라밀설
心不退不沒 當如法相 隨順般若波羅蜜說

이시세존 탄문수사리 선재선재 여여소설
爾時世尊 歎文殊師利 善哉善哉 如汝所說

약선남자 선여인 욕견제불 응학여시 반
若善男子 善女人 欲見諸佛 應學如是 般

야바라밀 욕친근제불 여법공양 응학여시
若波羅蜜 欲親近諸佛 如法供養 應學如是

반야바라밀 약욕언여래 시아세존 응학여
般若波羅蜜 若欲言如來 是我世尊 應學如

시 반야바라밀 약언여래 비아세존 역응
是 般若波羅蜜 若言如來 非我世尊 亦應

학여시 반야바라밀 약욕성 아뇩다라삼먁
學如是 般若波羅蜜 若欲成 阿耨多羅三藐

삼보리 응학여시 반야바라밀 약욕불성 아
三菩提 應學如是 般若波羅蜜 若欲不成 阿

뇩다라삼먁삼보리 역응학여시 반야바라
耨多羅三藐三菩提 亦應學如是 般若波羅

밀 약욕성취 일체삼매 응학여시 반야바라
蜜 若欲成就 一切三昧 應學如是 般若波羅

밀 약욕불성취 일체삼매 역응학여시 반야
蜜 若欲不成就 一切三昧 亦應學如是 般若

바라밀 하이고 무작삼매 무이상고 일체법
波羅蜜 何以故 無作三昧 無異相故 一切法

무생무출고 약욕지 일체법가명 응학여시
無生無出故 若欲知 一切法假名 應學如是

반야바라밀 약욕지 일체중생 수보리도 불
般若波羅蜜 若欲知 一切衆生 修菩提道 不

구보리상 심불퇴몰 응학여시 반야바라밀
求菩提相 心不退沒 應學如是 般若波羅蜜

하이고 일체법 개보리상고 약욕지 일체중
何以故 一切法 皆菩提相故 若欲知 一切衆

생 행비행상 비행즉보리 보리즉법계 법계
生 行非行相 非行卽菩提 菩提卽法界 法界

즉실제 심불퇴몰 응학여시 반야바라밀 약
卽實際 心不退沒 應學如是 般若波羅蜜 若

욕지 일체여래 신통변화 무상무애 역무방
欲知 一切如來 神通變化 無相無礙 亦無方

소 응학여시 반야바라밀 불고 문수사리
所 應學如是 般若波羅蜜 佛告 文殊師利

약비구 비구니 우바새 우바이 욕득 불타악
若比丘 比丘尼 優婆塞 優婆夷 欲得 不墮惡

취 당학반야바라밀 일사구게 수지독송 위
趣 當學般若波羅蜜 一四句偈 受持讀誦 爲

타해설 수순실상 여시 선남자 선여인 당지
他解說 隨順實相 如是 善男子 善女人 當知

결정 득아뇩다라삼먁삼보리 즉주불국 약
決定 得阿耨多羅三藐三菩提 則住佛國 若

문여시 반야바라밀 불경불외 심생신해 당
聞如是 般若波羅蜜 不驚不畏 心生信解 當

지차배 불소인가 시불소행 대승법인 약선
知此輩 佛所印可 是佛所行 大乘法印 若善

남자 선여인 학차법인 초과악취 불입성문
男子 善女人 學此法印 超過惡趣 不入聲聞

벽지불도 이초과고
辟支佛道 以超過故

이시 제석 삼십삼천 이천묘화 우발라화 구
爾時 帝釋 三十三天 以天妙華 優鉢羅華 拘

물두화 분다리화 천만다라화등 천전단향
物頭華 分陀利華 天曼陀羅華等 天栴檀香

급여말향 종종금보 작천기락 위공양반야
及餘末香 種種金寶 作天伎樂 爲供養般若

바라밀 병제여래 급문수사리 이산기상 작
波羅蜜 并諸如來 及文殊師利 以散其上 作

시공양이 원아상문 반야바라밀법인 석제
是供養已 願我常聞 般若波羅蜜法印 釋提

환인 부작시원 원염부제 선남자 선여인 상
桓因 復作是願 願閻浮提 善男子 善女人 常

사득문시경 결정불법 개령신해 수지독송
使得聞是經 決定佛法 皆令信解 受持讀誦

위인연설 일체제천 위작옹호 이시불고 석
爲人演說 一切諸天 爲作擁護 爾時佛告 釋

제환인언 교시가 여시여시 선남자 선여인
提桓因言 憍尸迦 如是如是 善男子 善女人

당득결정 제불보리 문수사리 백불언 세존
當得決定 諸佛菩提 文殊師利 白佛言 世尊

여시수지 선남자 선여인 득대이익 공덕무량
如是受持 善男子 善女人 得大利益 功德無量

이시 이불신력 일체대지 육종진동 불시미소
爾時 以佛神力 一切大地 六種震動 佛時微笑

방대광명 변조 삼천대천세계 문수사리 백불
放大光明 遍照 三千大千世界 文殊師利 白佛

언 세존 즉시여래 인반야바라밀상 불언 문
言 世尊 卽是如來 印般若波羅蜜相 佛言 文

수사리 여시여시 설반야바라밀이 개현차서
殊師利 如是如是 說般若波羅蜜已 皆現此瑞

위인반야바라밀고 사인수지 영무찬훼 하이
爲印般若波羅蜜故 使人受持 令無讚毁 何以

고 무상법인 불가찬훼 아금 이시법인 영제
故 無相法印 不可讚毁 我今 以是法印 令諸

천마 불능득변 불설시이 이시 제대보살 급
天魔 不能得便 佛說是已 爾時 諸大菩薩 及

사부중 문설반야바라밀 환희봉행
四部衆 聞說般若波羅蜜 歡喜奉行

문수청
文殊請

거불   문수보살님의 명호를 부르고 귀의함
擧佛

나무 오봉성주 문수보살 (절)
南無 五峯聖主 文殊菩薩

나무 칠불조사 문수보살 (절)
南無 七佛祖師 文殊菩薩

나무 청량회상 문수보살 (절)
南無 淸凉會上 文殊菩薩

보소청진언   불보살님을 널리 청하여 모시는 진언
普召請眞言

「나무 보보제리 가리다리 다타 아다야」 (3번)

유치 由致
문수보살님을 청하는 연유를 아룀

앙유 문수대성자 진묵겁전 조성정각 항사
仰惟 文殊大聖者 塵墨劫前 早成正覺 恒沙

계내 유화군미 이칭용종지존 부호법왕지
界內 誘化群迷 已稱龍種之尊 復號法王之

자 체주법계 통변난사 화만진방 약신공양
子 體周法界 通變難思 化滿塵邦 若伸供養

지의 필차지혜지력 유구개수 무원부종 시
之儀 畢此智慧之力 有求皆遂 無願不從 是

이 사바세계 차사천하 남섬부주 동양 대
以 裟婆世界 此四天下 南贍部洲 東洋 大

한민국 ○○시 ○○구 ○○ 청정수월도량
韓民國   市   區   清淨水月道場

원아금차 지극지정성 헌공 기도 발원재자
願我今此 至極之精誠 獻供 祈禱 發願齋者

(주소) 거주 ○○생 ○○○보체 각각등 보
住所 居住 生   保體 各各等 保

체 ○○○○성취지대원
體   成就之大願

이금월금일 건설법연 정찬공양 청량성주
以今月今日 虔設法筵 淨餐供養 清涼聖主

문수보살 잠사오대 청부향연 앙표일심 선
文殊菩薩 暫辭五台 請赴香筵 仰表一心 先

진삼청 (반배)
陳三請

청사 문수보살님을 청하는 말씀
請詞

나무 일심봉청 (절)
南無 一心奉請

문수보살 여만권속 청량산 오봉성주
文殊菩薩 與萬眷屬 淸凉山 五峯聖主

삼세불모 문수보살 유원자비 강림도량
三世佛母 文殊菩薩 唯願慈悲 降臨道場

수차공양 (반배)
受此供養

향화청 (3번) 향과 꽃으로 문수보살님을 맞이함
香花請

확주사계성가람 만목문수접화담
廓周沙界聖伽藍 滿目文殊接話談

언하부지개활안 회두지견구산암
言下不知開豁眼 回頭只見舊山巖

고아일심귀명정례 (반배)
故我一心歸命頂禮

헌좌진언 자리를 내어드리는 진언
獻座眞言

묘보리좌승장엄 제불좌이성정각
妙菩提座勝莊嚴 諸佛坐已成正覺

아금헌좌역여시 자타일시성불도
我今獻座亦如是 自他一時成佛道

「옴 바아라 미나야 사바하」(3번)

정근 문수보살의 명호를 지극하게 부름
精勤

나무 삼세불모 오봉성주 칠불조사
南無 三世佛母 五峯聖主 七佛祖師

문수보살……
文殊菩薩

문수보살 오자진언
文殊菩薩 五字眞言

문수보살님의 지혜로 기억력을 증진시키는 다섯 글자의 진언

「옴 아라빠짜나 디」(7번)

능례소례성공적
能禮所禮性空寂

저희마음 문수마음
그성품이 공적하나

감응도교난사의
感應道交難思議

감응하는 그이치는
헤아리기 어려워라

아차도량여제주
我此道場如帝珠

기도하는 이도량은
제석천의 구슬같아

문수보살영현중
文殊菩薩影現中

문수보살 그가운데
거룩한몸 나투시네

아신영현문수전
我身影現文殊前

저희들의 몸도또한
문수앞에 나투어서

일심계수귀명례 (반배)
一心稽首歸命禮

일심으로 귀의하고
예배공양 하옵니다

정법계진언
淨法界眞言

법계를 깨끗이 하는 진언

「옴 남」(7번)

다게 차를 올리는 게송
茶偈

금장감로다 今將甘露茶	제가이제 감로다를 마련하여
봉헌문수전 奉獻文殊前	대지문수 보살님께 올리오니
감찰건간심 鑑察虔懇心	저희들의 간절한뜻 살피시어
원수애납수 (절) 願垂哀納受	원하건대 자비로써 받으소서
원수애납수 (절) 願垂哀納受	원하건대 자비로써 받으소서
원수자비애납수 (절) 願垂慈悲哀納受	원하건대 대자비로 받으소서

진언권공 진언으로 공양을 올림
眞言勸供

향수나열　재자건성　욕구공양지주원
香羞羅列　齋者虔誠　欲求供養之周圓

수장가지지변화 앙유삼보특사가지
須仗加持之變化 仰惟三寶特賜加持

「나무시방불 나무시방법 나무시방승」(3번)
南無十方佛 南無十方法 南無十方僧

무량위덕 자재광명승묘력 변식진언
無量威德 自在光明勝妙力 變食眞言
무량한 위덕과 자재한 광명의 뛰어나고 미묘한 힘으로
공양물을 변화시키는 진언

「나막 살바 다타아다 바로기제

옴 삼마라 삼마라 훔」(3번)

시감로수진언   감로수를 베푸는 진언
施甘露水眞言

「나무 소로바야 다타아다야 다냐타 옴

소로소로 바라소로 바라소로 사바하」(3번)

일자수륜관진언   수륜을 관하는 일자진언
一字水輪觀眞言

「옴 밤밤밤밤」(3번)

유해진언 젖의 바다를 이루는 진언
乳海眞言

「나무 사만다 못다남 옴 밤」 (3번)

운심공양진언 마음을 움직여 공양하는 진언
運心供養眞言

원차향공변법계   보공무진삼보해
願此香供遍法界   普供無盡三寶海

자비수공증선근   영법주세보불은
慈悲受供增善根   令法住世報佛恩

「나막 살바다타 아제뱍미 새바모계 베약
살바다캄 오나아제 바라혜맘 옴 아아나
캄 사바하」 (3번)

공양례 공양을 올리는 예불
供養禮

지심정례공양
至心頂禮供養

현거오봉성주 대지문수사리보살 (절)
現居五峯聖主 大智文殊師利菩薩

지심정례공양
至心頂禮供養

청량회상 대지문수사리보살 (절)
淸凉會上 大智文殊師利菩薩

지심정례공양
至心頂禮供養

삼세불모 칠불조사 대지문수사리보살 (절)
三世佛母 七佛祖師 大智文殊師利菩薩

유원 문수보살 강림도량 수차공양
唯願 文殊菩薩 降臨道場 受此供養

명훈가피력 원공법계제중생
冥熏加被力 願共法界諸衆生

자타일시성불도 (반배)
自他一時成佛道

보공양진언   널리 공양 올리는 진언
普供養眞言

「옴 아아나 삼바바 바라 훔」(3번)

보회향진언　널리 회향하는 진언
普廻向眞言

「옴 삼마라 삼마라 미만나 사라마하 자가라 바라 훔」(3번)

원성취진언　소원을 성취하는 진언
願成就眞言

「옴 아모카 살바다라 사다야 시베 훔」(3번)

보궐진언　빠진것을 보충하는 진언
補闕眞言

「옴 호로호로 사야모케 사바하」(3번)

탄백　찬탄하는 말
歎白

능례소례성공적 能禮所禮性空寂	저희마음 문수마음 그성품이 공적하나
감응도교난사의 感應道交難思議	감응하는 그이치는 헤아리기 어려워라

아차도량여제주
我 此 道 場 如 帝 珠

기도하는 이도량은
제석천의 구슬같아

문수보살영현중
文 殊 菩 薩 影 現 中

문수보살 그가운데
거룩한몸 나투시네

아신영현문수전
我 身 影 現 文 殊 前

저희들의 몸도또한
문수앞에 나투어서

일심계수귀명례 (반배)
一 心 稽 首 歸 命 禮

일심으로 귀의하고
예배공양 하옵니다

> 스님과 기도할 때는 〈축원〉을 하고,
> 혼자서 기도할 때는 〈문수지혜발원문〉을 한다.

축원
祝 願

앙고 대지문수보살 불사자비 위작증명 허
仰 告 大 智 文 殊 菩 薩 不 捨 慈 悲 爲 作 證 明 許

수낭감 (반배)
垂 朗 鑑

상래소수공덕해 회향삼처실원만 우순풍
上 來 所 修 功 德 海 廻 向 三 處 悉 圓 滿 雨 順 風

조민안락 내지 천하태평 불일증휘법륜전
調 民 安 樂 乃 至 天 下 太 平 佛 日 增 輝 法 輪 轉

법륜상전어무궁 국계항안어만세 시이 사
法輪常轉於無窮 國界恒安於萬歲 是以 娑

바세계 차사천하 남섬부주 동양 대한민국
婆世界 此四天下 南贍部洲 東洋 大韓民國

○○시 ○○구 ○○ 청정수월도량 (반배)
　　市　　　區　　　　　淸淨水月道場

원아금차 지극지정성 금일 헌공 기도 발
願我今此 至極之精誠 今日 獻供 祈禱 發

원재자 (주소) 거주 ○○생 ○○○보체...각
願齋者 (住所) 居住　　生　　　保體　　各

각등보체 동서사방 출입재처 상봉길경 불
各等保體 東西四方 出入在處 常逢吉慶 不

봉재액 관재구설 삼재팔난 사백사병 영위
奉災厄 官災口舌 三災八難 四百四病 永爲

소멸 불법문중 신심견고 자손창성 부귀영
消滅 佛法門中 信心堅固 子孫昌盛 富貴榮

화 안과태평등 심중소구소원 여의원만성
華 安過太平等 心中所求所願 如意圓滿成

취 발원 (반배)
就 發願

금차 헌공 기도 발원재자 (주소) 거주 ○○
今此 獻供 祈禱 發願齋者 (住所) 居住

생 ○○○보체… 각각등보체 이차인연공덕
生　　　　保體　　各各等保體　以此因緣功德

참선자 의단독로 염불자 삼매현전 간경자
參禪者　疑團獨露　念佛者　三昧現前　看經者

혜안통투 기도자 업장소멸 단명자 수명장
慧眼通透　祈禱者　業障消滅　斷命者　壽命長

원 병고자 즉득쾌차 사업자 사업성취 상
遠　病苦者　即得快差　事業者　事業成就　商

업자 운수대통 농업자 오곡풍성 어업자
業者　運數大通　農業者　五穀豊盛　漁業者

만선귀항 학업자 일문천오 시험자 고득점
滿船歸港　學業者　一聞千悟　試驗者　高得點

원만합격 미취업자 취업성취 불화자 가내
圓滿合格　未就業者　就業成就　不和者　家內

화평 무자자 속득생자 무연자 선연상봉
和平　無子者　速得生子　無緣者　善緣相逢

박복자 복덕구족 매매자 매매성취등 심중
薄福者　福德具足　賣買者　賣買成就　等　心中

소구소원 여의원만성취 발원 (반배)
所求所願　如意圓滿成就　發願

억원 금일 망축발원 천혼재자 (주소)
抑願　今日　亡祝發願　薦魂齋者 (住所)

거주 ○○생 ○○○복위...각각등복위 망
居住　　　生　　　　　伏爲　　各各等伏爲　亡

○○ ○○후인 ○○○영가 영가위주 상서선
　　　　後人　　　　靈駕　靈駕爲主　上逝先

망 사존부모 누세종친 제형숙백 자매질
亡　師尊父母　累世宗親　弟兄叔伯　姉妹姪

손 원근친족등 각열위열명영가 철위산간
孫　遠近親族等　覺列位列名靈駕　鐵圍山間

어무간지옥 일일일야 만사만생 수고함령
於無間地獄　一日一夜　萬死萬生　受苦含靈

등 각열위영가 거리도중 교통사고 비명
等　各列位靈駕　距離途中　交通事故　非命

횡사 유주무주 일체애혼고혼영가 수자령
橫死　有主無主　一切哀魂孤魂靈駕　水子靈

유자령등 망태아영가등 각열위영가 함탈
流子靈等　亡胎兒靈駕等　各列位靈駕　咸脫

삼계지고뇌 초생구품지낙방 획몽제불감
三界之苦惱　超生九品之樂邦　獲蒙諸佛甘

로관정 반야낭지 활연개오 득무상법인지
露灌頂　般若朗智　豁然開悟　得無上法忍之

발원 원왕생 원왕생 왕생극락 친견미타
發願　願往生　願往生　往生極樂　親見彌陀

몽불수기 돈오무생법인지발원 (반배)
蒙佛授記 頓悟無生法忍之發願

연후원 항사법계 무량불자등 동유화장장
然後願 恒沙法界 無量佛子等 同遊華藏莊

엄해 동입보리대도량 상봉화엄불보살 항
嚴海 同入菩提大道場 常逢華嚴佛菩薩 恒

몽제불대광명 소멸무량중죄장 획득무량
蒙諸佛大光明 消滅無量衆罪障 獲得無量

대지혜 돈성무상최정각 광도법계제중생
大智慧 頓成無上最正覺 廣度法界諸衆生

이보제불막대은 세세상행보살도 구경원
以報諸佛莫大恩 世世常行菩薩道 究竟圓

성살바야 마하반야바라밀 (반배)
成薩婆若 摩訶般若婆羅密

나무 오봉성주 문수보살

나무 칠불조사 문수보살

나무 청량회상 문수보살 마하살 (반배)

문수지혜 발원문

 금색세계의 본존本尊이시고 거룩한 오봉의 성주聖主이시며 과거칠불의 조사祖師로서 사바세계의 청량회상에 머무시는 대지 문수사리보살님께 지극한 마음으로 귀의하옵니다.

 날카로운 지혜의 검광劍光은 번뇌와 의심의 그물을 끊어내고 손에 드신 청련화靑蓮花의 향기는 함장된 무량복덕을 드러내며 타고 계신 청사자靑獅子의 포효는 온갖 사견邪見을 잠재우니 문수보살님의 반야지혜般若智慧에 어떤 티끌이 용납되겠나이까.

지혜는 겁해劫海를 뛰어넘고 행원은 찰진刹塵을 아우르니 세간의 미약한 지혜와 복덕은 겁화劫火 속의 반딧불 같사오나 문수보살님의 거룩한 지혜와 공덕을 바라옵는 저희 제자들은 일심으로 합장하고 간절하게 발원하나이다.

거룩하고 지혜로운 문수보살님!

금일 문수반야기도에 동참하는 불자 OOO와 자녀 OOO는 과거세와 현재세에 지은 모든 악업을 목숨 다해 참회하오니 삼재팔난과 사백사병의 어려움이 봄눈 녹듯 사라져서 무수한 인생의 갈림길에서 지혜롭고 복된 선택을 하게 하소서.

지혜만 있고 믿음이 없는 자는 사견邪見에 떨어지기 쉽고 믿음만 있고 지혜가 없는 자는 맹신盲信에 떨어지기 쉽나니 냉철한 지혜와 굳건한 믿음을 새의 양 날개와 같이 의지하여 어느 때나 치우치지 않는 중도의 무루지혜로 살아가게 하소서.

거룩하고 지혜로운 문수보살님!

무기력과 나태의 늪에 빠져 있을 땐 마른 땅이 되어 주시고 번민과 갈등의 불길 속에서는 청량한 폭포수가 되어 주시며 나약하여 주저 않고 싶을 땐 든든한 지팡이가 되어 주시고 어리석어 헤매일 땐 밤길을 인도하는 밝은 등불이 되어 주소서.

그리하여 언제나 당신을 믿고 따르는 저희 제자들이 지혜로운 불자, 노력하는 불자, 성공하는 불자가 되어 따뜻한 가정의 행복하고 든든한 일원이 되게 하시고 드넓은 사회의 찬란한 등불이 되게 하옵소서.

거룩하고 지혜로운 문수보살님!

금일 기도하고 발원하는 불자 ○○○와 자녀 ○○○는 다시 한 번 간절하게 오체투지하고 귀의 하옵나니, 오늘 문수반야기도를 통해 쌓은 지혜와 공덕이 있다면 시방세계 일체 모든 중생들에게 회향廻向되게 하옵소서.

나무 오봉성주 문수보살
나무 칠불조사 문수보살
나무 청량회상 문수보살 마하살

의상조사 법성게
義湘祖師 法性偈

| 법성원융무이상 | 제법부동본래적 |
| 法性圓融無二相 | 諸法不動本來寂 |

무명무상절일체   증지소지비여경
無名無相絕一切   證智所知非餘境

진성심심극미묘   불수자성수연성
眞性甚深極微妙   不守自性隨緣成

일중일체다중일   일즉일체다즉일
一中一切多中一   一卽一切多卽一

일미진중함시방   일체진중역여시
一微塵中含十方   一切塵中亦如是

무량원겁즉일념   일념즉시무량겁
無量遠劫卽一念   一念卽是無量劫

구세십세호상즉   잉불잡난격별성
九世十世互相卽   仍不雜亂隔別成

초발심시변정각   생사열반상공화
初發心時便正覺   生死涅槃常共和

이사명연무분별   십불보현대인경
理事冥然無分別   十佛普賢大人境

능인해인삼매중	번출여의부사의
能仁海印三昧中	繁出如意不思議

우보익생만허공	중생수기득이익
雨寶益生滿虛空	衆生隨器得利益

시고행자환본제	파식망상필부득
是故行者還本際	叵息妄想必不得

무연선교착여의	귀가수분득자량
無緣善巧捉如意	歸家隨分得資糧

이다라니무진보	장엄법계실보전
以陀羅尼無盡寶	莊嚴法界實寶殿

궁좌실제중도상	구래부동명위불
窮坐實際中道床	舊來不動名爲佛

회향게 회향하는 게송
廻向偈

원이차공덕	보급어일체	원하건대 이공덕이
願以此功德	普及於一切	일체처에 널리퍼져

아등여중생	당생극락국	나와중생 그모두가
我等與衆生	當生極樂國	극락국토 태어나서

동견무량수	개공성불도 (반배)	무량수불 함께뵙고
同見無量壽	皆共成佛道	성불하게 하여지다

저녁 문수기도

오분향례
문수지혜 발원문
반야심경
신묘장구대다라니
좌선

저녁 문수기도

오분향례
五分香禮
오분법신의 향을 올리는 예불

계향 정향 혜향 해탈향 해탈지견향 (반배)
戒香 定香 慧香 解脫香 解脫知見香

헌향진언
獻香眞言

「옴 바아라 도비야 훔」(3번)

지심귀명례
至心歸命禮

현거오봉성주 대지문수사리보살 (절)
現居五峯聖主 大智文殊師利菩薩

지심귀명례
至心歸命禮

청량회상 대지문수사리보살 (절)
淸凉會上　大智文殊師利菩薩

지심귀명례
至心歸命禮

삼세불모 칠불조사 대지문수사리보살 (절)
三世佛母 七佛祖師　大智文殊師利菩薩

유원 문수보살 강림도량 수아정례
唯願　文殊菩薩　降臨道場　受我頂禮

명훈가피력　원공법계제중생
冥熏加被力　願共法界諸衆生

자타일시성불도 (반배)
自他一時成佛道

문수지혜 발원문

　금색세계의 본존本尊이시고 거룩한 오봉의 성주聖主이시며 과거칠불의 조사祖師로서 사바세계의 청량회상에 머무시는 대지 문수사리보살님께 지극한 마음으로 귀의하옵니다.

　날카로운 지혜의 검광劍光은 번뇌와 의심의 그물을 끊어내고 손에 드신 청련화靑蓮花의 향기는 함장된 무량복덕을 드러내며 타고 계신 청사자靑獅子의 포효는 온갖 사견邪見을 잠재우니 문수보살님의 반야지혜般若智慧에 어떤 티끌이 용납되겠나이까.

지혜는 겁해劫海를 뛰어넘고 행원은 찰진刹塵을 아우르니 세간의 미약한 지혜와 복덕은 겁화劫火 속의 반딧불 같사오나 문수보살님의 거룩한 지혜와 공덕을 바라옵는 저희 제자들은 일심으로 합장하고 간절하게 발원하나이다.

거룩하고 지혜로운 문수보살님!

금일 문수반야기도에 동참하는 불자 OOO와 자녀 OOO는 과거세와 현재세에 지은 모든 악업을 목숨 다해 참회하오니 삼재팔난과 사백사병의 어려움이 봄눈 녹듯 사라져서 무수한 인생의 갈림길에서 지혜롭고 복된 선택을 하게 하소서.

지혜만 있고 믿음이 없는 자는 사견邪見에 떨어지기 쉽고 믿음만 있고 지혜가 없는 자는 맹신盲信에 떨어지기 쉽나니 냉철한 지혜와 굳건한 믿음을 새의 양 날개와 같이 의지하여 어느 때나 치우치지 않는 중도의 무루 지혜로 살아가게 하소서.

거룩하고 지혜로운 문수보살님!

무기력과 나태의 늪에 빠져 있을 땐 마른 땅이 되어 주시고 번민과 갈등의 불길 속에서는 청량한 폭포수가 되어 주시며 나약하여 주저 앉고 싶을 땐 든든한 지팡이가 되어 주시고 어리석어 해매일 땐 밤길을 인도하는 밝은 등불이 되어 주소서.

그리하여 언제나 당신을 믿고 따르는 저희 제자들이 지혜로운 불자, 노력하는 불자, 성공하는 불자가 되어 따뜻한 가정의 행복하고 든든한 일원이 되게 하시고 드넓은 사회의 찬란한 등불이 되게 하옵소서.

거룩하고 지혜로운 문수보살님!

금일 기도하고 발원하는 불자 OOO와 자녀 OOO는 다시 한 번 간절하게 오체투지하고 귀의 하옵나니, 오늘 문수반야기도를 통해 쌓은 지혜와 공덕이 있다면 시방세계 일체 모든 중생들에게 회향廻向되게 하옵소서.

나무 오봉성주 문수보살
나무 칠불조사 문수보살
나무 청량회상 문수보살 마하살

마하반야바라밀다심경
摩訶般若波羅密多心經

관자재보살 행심반야바라밀다시 조견오
觀自在菩薩 行深般若波羅密多時 照見五

온개공 도일체고액 사리자 색불이공 공
蘊皆空 度一切苦厄 舍利子 色不異空 空

불이색 색즉시공 공즉시색 수상행식 역
不異色 色卽是空 空卽是色 受想行識 亦

부여시 사리자 시제법공상 불생불멸 불
復如是 舍利子 是諸法空相 不生不滅 不

구부정 부증불감 시고 공중무색 무수상
垢不淨 不增不減 是故 空中無色 無受想

행식 무안이비설신의 무색성향미촉법 무
行識 無眼耳鼻舌身意 無色聲香味觸法 無

안계 내지 무의식계 무무명 역무무명
眼界 乃至 無意識界 無無明 亦無無明

진 내지무노사 역무노사진 무고집멸
盡 乃至無老死 亦無老死盡 無苦集滅

도 무지역무득 이무소득고 보리살타 의
道 無智亦無得 以無所得故 菩提薩埵 依

반야바라밀다고 심무가애 무가애고 무유
般若波羅密多故 心無罣碍 無罣碍故 無有

공포 원리전도몽상 구경열반 삼세제
恐怖 遠離顚倒夢想 究竟涅槃 三世諸

불 의반야바라밀다고 득아뇩다라삼먁삼
佛 依般若波羅密多故 得阿耨多羅三藐三

보리 고지 반야바라밀다 시대신주 시대명
菩提 故知 般若波羅密多 是大神呪 是大明

주 시무상주 시무등등주 능제일체고 진실
呪 是無上呪 是無等等呪 能除一切苦 眞實

불허 고설 반야바라밀다주 즉설주왈
不虛 故說 般若波羅蜜多呪 卽說呪曰

「아제 아제 바라아제 바라 승아제
 모지 사바하」(3번)

저녁예불만 모시고자 할 때는 여기서 마치고
독송기도를 더하고자 할 때는 〈보례진언〉~〈좌선〉까지 진행한다.

보례진언
普禮眞言
널리 예경을 올리는 진언

아금일신중
我今一身中
제가이제 작은한몸 가운데서

즉현무진신
卽現無盡身
다함없는 많은몸을 나투어서

변재문수전
遍在文殊前
시방세계 두루계신 문수앞에

일일무수례
一一無數禮
한분한분 무수하게 예경하네

「옴 바아라 믹」 (3번)

개경게
開經偈
경전을 여는 게송

무상심심미묘법
無上甚深微妙法
위가없이 깊고깊어
미묘하온 부처님법

백천만겁난조우
百千萬劫難遭遇
백천만겁 지나도록
만나뵙기 어려워라

아금문견득수지　　　제가이제 보고듣고
我 今 聞 見 得 受 持　　언어받아 지니오니

원해여래진실의　　　부처님의 진실한뜻
願 解 如 來 眞 實 義　　알게하여 주옵소서

개법장진언　진리의 창고를 여는 진언
開 法 藏 眞 言

「옴 아라남 아라다」(3번)

신묘장구대다라니　관세음보살의 신비하고 미묘한
神 妙 章 句 大 陀 羅 尼　가피력을 구하는 다라니

나모라 다나다라 야야 나막알야 바로기제 새바라야 모지 사다바야 마하 사다바야 마하가로 니가야 옴 살바 바예수 다라나 가라야 다사명 나막 가리다바 이맘알야 바로기제 새바라 다바 니라간타 나막

하리나야 마발타 이사미 살발타 사다남
수반아예염 살바보다남 바바말아 미수다
감 다냐타 옴 아로계 아로가 마지로가 지
가란제 혜혜하례 마하모지 사다바 삼마라
삼마라 하리나야 구로구로 갈마 사다야
사다야 도로도로 미연제 마하미연제 다라
다라 다린나례 새바라 자라자라 마라미마
라 아마라 몰제예혜혜 로계새바라 라아미
사미 나사야 나베 사미사미 나사야 모하
자라 미사미 나사야 호로호로 마라호로
하례바나마 나바 사라사라 시리시리 소로
소로 못자못자 모다야 모다야 매다리야
니라간타 가마사 날사남 바라 하리나야
마낙 사바하 싯다야 사바하 마하싯다야

사바하 싯다유예 새바라야 사바하 니라간타야 사바하 바라하 목카싱하 목카야 사바하 바나마 하따야 사바하 자가라 욕다야 사바하 상카섭나네 모다나야 사바하 마하라 구타다라야 사바하 바마사간타 이사시체다 가릿나이나야 사바하 먀가라 잘마이바 사나야 사바하
「나모라 다나다라 야야 나막알야 바로기제 새바라야 사바하」 (3번)

회향게 회향하는 게송
廻向偈

원이차공덕 보급어일체
願以此功德 普及於一切

원하건대 이공덕이
일체처에 널리펴져

아등여중생 당생극락국
我等與衆生 當生極樂國

나와중생 그모두가
극락국토 태어나서

동견무량수 개공성불도(반배)
同見無量壽 皆共成佛道

무량수불 함께뵙고
성불하게 하여지다

좌선
坐禪

1. 시간은 5분 이내로 한다.
2. 가부좌를 하거나, 의자에 앉아도 된다.
3. 손모양은 선정인(禪定印)을 짓거나,
   양손을 편안하게 무릎 위에 올려두어도 된다.
4. 허리를 펴고 어깨에 힘을 빼며,
   시선은 자신의 무릎 앞 20cm 정도에 던져둔다.
5. 호흡은 편안하게 하되, 수식관(數息觀)을 해도 된다.

문수 다라니기도

문수다라니 주력
화엄경약찬게
문수지혜 발원문
문수사리 발원경

문수다라니 주력

보례진언   널리 예경을 올리는 진언
普禮眞言

아금일신중   제가이제 작은한몸 가운데서
我 今 一 身 中

즉현무진신   다함없는 많은몸을 나투어서
卽 現 無 盡 身

변재문수전   시방세계 두루계신 문수앞에
遍 在 文 殊 前

일일무수례   한분한분 무수하게 예경하네
一 一 無 數 禮

「옴 바아라 믹」 (3번)

> 서서 읽되, 세번 째 '옴 바아라 믹' 하며
> 절하고 앉는다.

개경게   <small>경전을 여는 게송</small>
開經偈

무상심심미묘법
無 上 甚 深 微 妙 法

위가없이 깊고깊어
미묘하온 부처님법

백천만겁난조우
百 千 萬 劫 難 遭 遇

백천만겁 지나도록
만나뵙기 어려워라

아금문견득수지
我 今 聞 見 得 受 持

제가이제 보고듣고
얻어받아 지니오니

원해여래진실의
願 解 如 來 眞 實 義

부처님의 진실한뜻
알게하여 주옵소서

개법장진언   <small>진리의 창고를 여는 진언</small>
開 法 藏 眞 言

「옴/ 아라남/ 아라다」(3번)

항마진언 (降魔眞言)　마군들을 항복시키는 진언

아이금강삼등방편
我以金剛三等方便

내가이제 금강같은
세가지의 방편으로

신승금강반월풍륜
身乘金剛半月風輪

몸으로는 금강력과
반월풍륜 힘을빌고

단상구방남자광명
壇上口放喃字光明

단상위의 입으로는
람자광명 쏟아내어

소여무명소적지신
燒汝無明所積之身

무명으로 이루어진
너의몸을 태우리라

역칙천상공중지하
亦勅天上空中地下

또한천상 공중지하
온갖곳에 명령하여

소유일체작제장난
所有一切作諸障難

일체모든 어려움과
장애들을 없애리니

불선심자개래호궤
不善心者皆來胡跪

악한마음 지닌자는
모두와서 무릎꿇고

청아소설가지법음
聽我所說加持法音

내가설한 가지법음
지극하게 들어보라

사제포악패역지심 　　　　포악하고 나쁜마음
捨除暴惡悖逆之心 　　　　이제모두 버리고서

어불법중함기신심 　　　　부처님법 가운데서
於佛法中咸起信心 　　　　모두함께 신심내어

옹호도량역호시주 　　　　불법도량 옹호하고
擁護道場亦護施主 　　　　시주또한 보호하며

강복소재 　　　　　　　　모든재앙 소멸하고
降福逍除 　　　　　　　　좋은복덕 내리거라

「옴/ 소마니/ 소마니/ 훔/ 하리한나 하리한나 훔/ 하리한나 바나야/ 훔/ 아나야/ 혹/ 바아밤/ 바아라/ 훔/ 바탁」(3번)

이어지는 진언과 다라니의 독송은
3회·7회·21회·49회·108회 등으로 시간여건에 따라
가감하여 진행하면 된다.

문수보살 근본진언
文殊菩薩 根本眞言

문수보살님의 근본지혜를 갖추게 하는 진언

「나마 사르바/ 따타 가따남/ 아찐뜨야 쁘라띠하따/ 사싸나남 옴/ 라라 스마라/ 아쁘라띠하타/ 샤사나/ 쿠마라/ 루빠 다리나/ 훔/ 훔/ 펫펫 스바하」

문수보살 근본일자 다라니
文殊菩薩 根本一字 陀羅尼

문수보살님의 지혜로 몸을 보호하는 다라니

「옴/ 치림」

문수보살 오자진언
文殊菩薩 五字眞言

문수보살님의 지혜로 기억력을 증진시키는 다섯 글자의 진언

「옴/ 아라빠짜나/ 디」

문수사리 법인 능소정업주
文殊師利 法印 能消定業呪

문수보살님의 지혜로
정업을 소멸하는 주문

「옴/ 바께다/ 나막」

문수보살 대위덕심주
文殊菩薩 大威德心呪

문수보살님의 거룩하고
위대한 마음을 담은 주문

「옴/ 아비라/ 훔/ 카짜라」

문수사리 법보장 다라니
文殊師利 法寶藏 陀羅尼

문수보살님의 진리보배
창고를 여는 다라니

「나모 아랴 만수시리예/ 보디 사다바야
다냐타/ 야예야/ 예예 납체야야 마하마
예 사바하」

문수보살 소제병고 다라니
文殊菩薩 消除病苦 陀羅尼

문수보살님의 지혜로
온갖 병고를 없애는 다라니

「지부 다나제/ 잠부 지나제/ 소차 불지나제 축기 불지나제 오소 다지나제 바차 불지나제 사마라/ 장지나제 아서파라 장지나제 여파 제지나제 사바하」

문수보살 야만타카진언
文殊菩薩 焰曼德迦眞言

분노명왕으로 화현한
문수보살님이 재앙을
멸하고 복덕을 늘리는 진언

「나마 사만따/ 붓다남/ 아바바 스바바/ 사무드 가따남/ 나마 쁘라뜨예카/ 붓다야/ 쉬라 바카남/ 나모 보디 사뜨바남 다샤 부미 쁘라띠스 티떼스바라남/ 보디 사뜨바남 마하 사뜨바남 따드야타 옴/ 카카 카히 카히 두스따/ 사뜨바/ 다마까/ 아시무살라/ 빠라 슈빠샤/ 하스따/ 짜뚜르 부쟈/ 짜뚜르 무카/ 삿짜라나 가챠 가챠 마하 비그나/ 가따카/ 비끄르 타나나/ 사르바/ 부따 바얀카라 아따 아사 나디네/ 브얀그라 짜르마/ 니바사나 쿠루 쿠루 사르바/ 카르마/ 친다 친다 사르바/ 만트란/ 빈다 빠라 무드란/ 아카르사야/ 아카르사야/ 사르바/ 무드람/ 니르마따 니르마타 사르바/ 두스탄/ 쁘라베샤야/ 쁘라베샤야/ 만달라 마드예/ 바이바스 바딴따 카라/ 쿠루 쿠루 마마 카르얌/ 다하 다하 빠짜 빠짜 마빌람바 마빌람바 삼마야/ 마누 스마라/ 훔/ 훔/ 펫/ 스포따야 스포따야 사르바샤 빠리 뿌따카/ 헤헤 바가반/ 낌/ 찌라야시 마마 사르바탄 사다야/ 스바하」

문수보살 소청중성진언
文殊菩薩 召請衆聖眞言

문수보살님이 모든 불보살님과 천룡팔부를 청하여 모시는 진언

「옴/ 헤헤 쿠마라/ 루뻬 스바 루뻬네/ 사르바/ 발라 바시따/ 쁘라 보다네/ 아야히/ 바가밤/ 타야히/ 쿠마라/ 끄리돗빨라/ 다리네/ 만달라 마드예/ 띠스타/ 띠스타 삼마야/ 마누 스마라/ 아쁘라띠 하타/ 샤싸나/ 훔/ 마빌람바 루루 펫/ 스바하」

관음보살 보경수진언
觀音菩薩 寶鏡手眞言

관음보살님의 보배거울과 같이 밝은 지혜를 얻게 하는 진언

「옴/ 미보라/ 나락사/ 바아라/ 만다라/ 훔/ 바탁」

금강살타 백자진언
金剛薩埵 百字眞言

보리심과 지혜력을 증장하고 몸과 마음을 정화하는 금강살타의 진언

「옴/ 벤자사뜨 사마야/ 마누 빨라야/ 벤자

사뜨 떼노빠/ 띡따디도 메바와/ 쑤또카 요 메바와/ 쑤뽀카요 메바와/ 아누락또 메바와/ 싸와 씻띠 메다야짜 싸와 까르 마/ 쑤짜메/ 찟따시람 꾸루 훔/ 하하하 하 호/ 바가완/ 싸와 타따가따 벤자 마 메무짜 벤자바와 마하 사마야/ 싸따 훔」

불설 소재길상 다라니
佛說 消災吉祥 陀羅尼

부처님께서 설하신 재앙을
소멸하고 길상을 내는 다라니

「나무 사만다/ 못다남/ 아바라지 하다사/ 사다남/ 다냐타/ 옴/ 카카 카헤 카헤 훔 훔 아바라/ 아바라/ 바라 아바라/ 바라 아바라/ 지따 지따 지리 지리 빠다 빠다 선지가/ 시리예/ 사바하」

약사여래 대진언
藥師如來 大眞言

약사여래 부처님의 서원을 담은 거룩한 진언

「나모 바가바테 바이사지 아구루/ 바이듀리아/ 프라바라자야 다타가타야/ 아르하떼 삼먁삼붓다야 타드야타 옴/ 바이사지에/ 바이사지에/ 바이사지아/ 삼우드가테/ 스바하」

약사여래 소진언
藥師如來 小眞言

모든 재난을 없애주고 수명을 연장해주는 진언

「옴/ 후루후루 찬다리마 통기 스바하」

약왕보살 신묘 다라니
藥王菩薩 神妙 陀羅尼

중생의 병을 치유하시는 약왕보살님의 신묘한 다라니

「아니 마니 마네 마마네/ 지레 자리제/ 사마사리 다위선제 목제 목다리/ 사리 아위사리 상리사리 사예 아사예/ 아기니/ 선제사리 다라니/ 아로 가바사/ 파자 비사니/ 네비제/ 아변다라 네리제/ 아단다 파레/ 수지 구구레/ 모구레/ 아라레/ 파라레/ 수가차/ 아삼마삼리/ 불타 비기리 질제/ 달마 파리차제 승가 열구사네 바사바사 수지 만다라/ 만다라 사야다/ 우루다/ 우루다 교사랴/ 악사라/ 악사야사야/ 아바로/ 아마야/ 나다야」

광명진언
光 明 眞 言

비로자나 법신부처님의 광명을 일으키는 진언

「옴/ 아모카/ 바이로차나/ 마하무드라/ 마니파드마/ 즈바라/ 프라바를 타야 훔」

화엄경 약찬게
華嚴經 略纂偈

대방광불화엄경
大方廣佛華嚴經

용수보살약찬게
龍樹菩薩略纂偈

나무화장세계해
南無華藏世界海

비로자나진법신
毘盧遮那眞法身

현재설법노사나
現在說法盧舍那

석가모니제여래
釋迦牟尼諸如來

과거현재미래세
過去現在未來世

시방일체제대성
十方一切諸大聖

근본화엄전법륜
根本華嚴轉法輪

해인삼매세력고
海印三昧勢力故

보현보살제대중
普賢菩薩諸大衆

집금강신신중신
執金剛神身衆神

족행신중도량신
足行神衆道場神

주성신중주지신
主城神衆主地神

주산신중주림신
主山神衆主林神

주약신중주가신
主藥神衆主稼神

주하신중주해신   주수신중주화신
主 河 神 衆 主 海 神   主 水 神 衆 主 火 神

주풍신중주공신   주방신중주야신
主 風 神 衆 主 空 神   主 方 神 衆 主 夜 神

주주신중아수라   가루라왕긴나라
主 晝 神 衆 阿 修 羅   迦 樓 羅 王 緊 那 羅

마후라가야차왕   제대용왕구반다
摩 睺 羅 伽 夜 叉 王   諸 大 龍 王 鳩 槃 茶

건달바왕월천자   일천자중도리천
乾 闥 婆 王 月 天 子   日 天 子 衆 忉 利 天

야마천왕도솔천   화락천왕타화천
夜 摩 天 王 兜 率 天   化 樂 天 王 他 化 天

대범천왕광음천   변정천왕광과천
大 梵 天 王 光 音 天   遍 淨 天 王 廣 果 天

대자재왕불가설   보현문수대보살
大 自 在 王 不 可 說   普 賢 文 殊 大 菩 薩

법혜공덕금강당   금강장급금강혜
法 慧 功 德 金 剛 幢   金 剛 藏 及 金 剛 慧

광염당급수미당   대덕성문사리자
光 焰 幢 及 須 彌 幢   大 德 聲 聞 舍 利 子

급여비구해각등 及 與 比 丘 海 覺 等	우바새장우바이 優 婆 塞 長 優 婆 夷
선재동자동남녀 善 財 童 子 童 男 女	기수무량불가설 其 數 無 量 不 可 說
선재동자선지식 善 財 童 子 善 知 識	문수사리최제일 文 殊 舍 利 最 第 一
덕운해운선주승 德 雲 海 雲 善 住 僧	미가해탈여해당 彌 伽 解 脫 與 海 幢
휴사비목구사선 休 舍 毘 目 瞿 沙 仙	승열바라자행녀 勝 熱 婆 羅 慈 行 女
선견자재주동자 善 見 自 在 主 童 子	구족우바명지사 具 足 優 婆 明 智 士
법보계장여보안 法 寶 髻 長 與 普 眼	무염족왕대광왕 無 厭 足 王 大 光 王
부동우바변행외 不 動 優 婆 遍 行 外	우바라화장자인 優 婆 羅 華 長 者 人
바시라선무상승 婆 施 羅 船 無 上 勝	사자빈신바수밀 獅 子 嚬 伸 婆 須 密
비슬지라거사인 毘 瑟 祇 羅 居 士 人	관자재존여정취 觀 自 在 尊 與 正 趣

대천안주주지신   바산바연주야신
大天安住主地神   婆珊婆演主夜神

보덕정광주야신   희목관찰중생신
普德淨光主夜神   喜目觀察衆生神

보구중생묘덕신   적정음해주야신
普救衆生妙德神   寂靜音海主夜神

수호일체주야신   개부수화주야신
守護一切主夜神   開敷樹華主夜神

대원정진력구호   묘덕원만구바녀
大願精進力救護   妙德圓滿瞿婆女

마야부인천주광   변우동자중예각
摩耶夫人天主光   遍友童子衆藝覺

현승견고해탈장   묘월장자무승군
賢勝堅固解脫長   妙月長者無勝軍

최적정바라문자   덕생동자유덕녀
最寂靜婆羅門者   德生童子有德女

미륵보살문수등   보현보살미진중
彌勒菩薩文殊等   普賢菩薩微塵衆

어차법회운집래   상수비로자나불
於此法會雲集來   常隨毘盧遮那佛

어련화장세계해 조화장엄대법륜
於蓮華藏世界海 造化莊嚴大法輪

시방허공제세계 역부여시상설법
十方虛空諸世界 亦復如是常說法

육육육사급여삼 일십일일역부일
六六六四及與三 一十一一亦復一

세주묘엄여래상 보현삼매세계성
世主妙嚴如來相 普賢三昧世界成

화장세계노사나 여래명호사성제
華藏世界盧舍那 如來名號四聖諦

광명각품문명품 정행현수수미정
光明覺品問明品 淨行賢首須彌頂

수미정상게찬품 보살십주범행품
須彌頂上偈讚品 菩薩十住梵行品

발심공덕명법품 불승야마천궁품
發心功德明法品 佛昇夜摩天宮品

야마천궁게찬품 십행품여무진장
夜摩天宮偈讚品 十行品與無盡藏

불승도솔천궁품 도솔천궁게찬품
佛昇兜率天宮品 兜率天宮偈讚品

십회향급십지품 　 십정십통십인품
十廻向及十地品 　 十定十通十忍品

아승지품여수량 　 보살주처불부사
阿僧祇品與壽量 　 菩薩住處佛不思

여래십신상해품 　 여래수호공덕품
如來十身相海品 　 如來隨好功德品

보현행급여래출 　 이세간품입법계
普賢行及如來出 　 離世間品入法界

시위십만게송경 　 삼십구품원만교
是爲十萬偈頌經 　 三十九品圓滿敎

풍송차경신수지 　 초발심시변정각
諷頌此經信受持 　 初發心時便正覺

안좌여시국토해 　 시명비로자나불
安坐如是國土海 　 是名毘盧遮那佛

정근   _{문수보살의 명호를 지극하게 부름}
精勤

나무 삼세불모 오봉성주 칠불조사
南無 三世佛母 五峯聖主 七佛祖師

문수보살……
文殊菩薩

문수보살 오자진언   _{문수보살님의 지혜로 기억력을 증진시키는 다섯 글자의 진언}
文殊菩薩 五字眞言

「옴 아라빠짜나 디」(7번)

능례소례성공적 能禮所禮性空寂	저희마음 문수마음 그성품이 공적하나
감응도교난사의 感應道交難思議	감응하는 그이치는 헤아리기 어려워라
아차도량여제주 我此道場如帝珠	기도하는 이도량은 제석천의 구슬같아
문수보살영현중 文殊菩薩影現中	문수보살 그가운데 거룩한몸 나투시네

아신영현문수전   저희들의 몸도또한
我 身 影 現 文 殊 前   문수앞에 나투어서

일심계수귀명례 (반배)   일심으로 귀의하고
一 心 稽 首 歸 命 禮   예배공양 하옵니다

정법계진언   법계를 깨끗이 하는 진언
淨 法 界 眞 言

「옴 남」(7번)

축원
祝 願

앙고 대지문수보살 불사자비 위작증명
仰 告 大 智 文 殊 菩 薩 不 捨 慈 悲 爲 作 證 明

허수낭감 (반배)
許 垂 朗 鑑

상래소수공덕해 회향삼처실원만 우순풍
上 來 所 修 功 德 海 廻 向 三 處 悉 圓 滿 雨 順 風

조민안락 내지 천하태평 불일증휘법륜전
調 民 安 樂 乃 至 天 下 太 平 佛 日 增 輝 法 輪 轉

법륜상전어무궁 국계항안어만세 시이 사
法輪常轉於無窮 國界恒安於萬歲 是以 裟

바세계 차사천하 남섬부주 동양 대한민국
婆世界 此四天下 南贍部洲 東洋 大韓民國

○○시 ○○구 ○○ 청정수월도량 (반배)
　　市　　　區　　　　　清淨水月道場

원아금차 지극지정성 금일 헌공 기도 발
願我今此 至極之精誠 今日 獻供 祈禱 發

원재자 (주소) 거주 ○○생 ○○○보체…
願齋者 (住所) 居住　　　生　　　保體

각각등보체 동서사방 출입재처 상봉길경
各各等保體 東西四方 出入在處 常逢吉慶

불봉재액 관재구설 삼재팔난 사백사병 영
不奉災厄 官災口舌 三災八難 四百四病 永

위소멸 불법문중 신심견고 자손창성 부귀
爲消滅 佛法門中 信心堅固 子孫昌盛 富貴

영화 안과태평등 심중소구소원 여의원만
榮華 安過太平等 心中所求所願 如意圓滿

성취 발원 (반배)
成就 發願

금차 헌공 기도 발원재자 (주소) 거주○○
今此 獻供 祈禱 發願齋者 (住所) 居住

생 ○○○보체…각각등보체 이차인연공덕
生　　　　保體　各各等保體　以此因緣功德

참선자 의단독로 염불자 삼매현전 간경자
參禪者 疑團獨露 念佛者 三昧現前 看經者

혜안통투 기도자 업장소멸 단명자 수명장
慧眼通透 祈禱者 業障消滅 斷命者 壽命長

원 병고자 즉득쾌차 사업자 사업성취 상
遠 病苦者 卽得快差 事業者 事業成就 商

업자 운수대통 농업자 오곡풍성 어업자
業者 運數大通 農業者 五穀豊盛 漁業者

만선귀항 학업자 일문천오 시험자 고득점
滿船歸港 學業者 一聞千悟 試驗者 高得點

원만합격 미취업자 취업성취 불화자 가내
圓滿合格 未就業者 就業成就 不和者 家內

화평 무자자 속득생자 무연자 선연상봉
和平 無子者 速得生子 無緣者 善緣相逢

박복자 복덕구족 매매자 매매성취등 심중
薄福者 福德具足 賣買者 賣買成就等 心中

소구소원 여의원만성취 발원 (반배)
所求所願 如意圓滿成就 發願

억원 금일 망축발원 천혼재자 (주소)
抑願 今日 亡祝發願 薦魂齋者 (住所)

거주 ○○생 ○○○복위...각각등복위 망
居住　　　生　　　　　伏爲　各各等伏爲 亡

○○ ○○후인 ○○○영가 영가위주 상서선
　　　　後人　　　　靈駕 靈駕爲主 上逝先

망 사존부모 누세종친 제형숙백 자매질손
亡 師尊父母 累世宗親 弟兄叔伯 姊妹姪孫

원근친족등 각열위열명영가 철위산간 어
遠近親族等 覺列位列名靈駕 鐵圍山間 於

무간지옥 일일일야 만사만생 수고함령등
無間地獄 一日一夜 萬死萬生 受苦含靈等

각열위영가 거리도중 교통사고 비명횡사
各列位靈駕 距離途中 交通事故 非命橫死

유주무주 일체애혼고혼영가 수자령 유자
有主無主 一切哀魂孤魂靈駕 水子靈 流子

령등 망태아영가등 각열위영가 함탈삼계
靈等 亡胎兒靈駕等 各列位靈駕 咸脫三界

지고뇌 초생구품지낙방 획몽제불감로관
之苦惱 超生九品之樂邦 獲蒙諸佛甘露灌

정 반야낭지 활연개오 득무상법인지발원
頂 般若朗智 豁然開悟 得無上法忍之發願

원왕생 원왕생 왕생극락 친견미타 몽불수
願往生 願往生 往生極樂 親見彌陀 蒙佛授

기 돈오무생법인지발원 (반배)
記 頓悟無生法忍之發願

연후원 항사법계 무량불자등 동유화장장
然後願 恒沙法界 無量佛子等 同遊華藏莊

엄해 동입보리대도량 상봉화엄불보살 항
嚴海 同入菩提大道場 常逢華嚴佛菩薩 恒

몽제불대광명 소멸무량중죄장 획득무량
蒙諸佛大光明 消滅無量衆罪障 獲得無量

대지혜 돈성무상최정각 광도법계제중생
大智慧 頓成無上最正覺 廣度法界諸衆生

이보제불막대은 세세상행보살도 구경원
以報諸佛莫大恩 世世常行菩薩道 究竟圓

성살바야 마하반야바라밀 (반배)
成薩婆若 摩訶般若婆羅密

나무 오봉성주 문수보살

나무 칠불조사 문수보살

나무 청량회상 문수보살 마하살 (반배)

문수지혜 발원문

 금색세계의 본존本尊이시고 거룩한 오봉의 성주聖主이시며 과거칠불의 조사祖師로서 사바세계의 청량회상에 머무시는 대지 문수사리보살님께 지극한 마음으로 귀의하옵니다.

 날카로운 지혜의 검광劍光은 번뇌와 의심의 그물을 끊어내고 손에 드신 청련화靑蓮花의 향기는 함장된 무량복덕을 드러내며 타고 계신 청사자靑獅子의 포효는 온갖 사견邪見을 잠재우니 문수보살님의 반야지혜般若智慧에 어떤 티끌이 용납되겠나이까.

지혜는 겁해劫海를 뛰어넘고 행원은 찰진刹塵을 아우르니 세간의 미약한 지혜와 복덕은 겁화劫火속의 반딧불 같사오나 문수보살님의 거룩한 지혜와 공덕을 바라옵는 저희 제자들은 일심으로 합장하고 간절하게 발원하나이다.

거룩하고 지혜로운 문수보살님!

금일 문수반야기도에 동참하는 불자 ○○○와 자녀 ○○○는 과거세와 현재세에 지은 모든 악업을 목숨 다해 참회하오니 삼재팔난과 사백사병의 어려움이 봄눈 녹듯 사라져서 무수한 인생의 갈림길에서 지혜롭고 복된 선택을 하게 하소서.

지혜만 있고 믿음이 없는 자는 사견邪見에 떨어지기 쉽고 믿음만 있고 지혜가 없는 자는 맹신盲信에 떨어지기 쉽나니 냉철한 지혜와 굳건한 믿음을 새의 양 날개와 같이 의지하여 어느 때나 치우치지 않는 중도의 무루 지혜로 살아가게 하소서.

거룩하고 지혜로운 문수보살님!
무기력과 나태의 늪에 빠져 있을 땐 마른 땅이 되어 주시고 번민과 갈등의 불길 속에서는 청량한 폭포수가 되어 주시며 나약하여 주저 앉고 싶을 땐 든든한 지팡이가 되어 주시고 어리석어 헤매일 땐 밤길을 인도하는 밝은 등불이 되어 주소서.

그리하여 언제나 당신을 믿고 따르는 저희 제자들이 지혜로운 불자, 노력하는 불자, 성공하는 불자가 되어 따뜻한 가정의 행복하고 든든한 일원이 되게 하시고 드넓은 사회의 찬란한 등불이 되게 하옵소서.

거룩하고 지혜로운 문수보살님!

금일 기도하고 발원하는 불자 OOO와 자녀 OOO는 다시 한 번 간절하게 오체투지하고 귀의 하옵나니, 오늘 문수반야기도를 통해 쌓은 지혜와 공덕이 있다면 시방세계 일체 모든 중생들에게 회향廻向되게 하옵소서.

나무 오봉성주 문수보살
나무 칠불조사 문수보살
나무 청량회상 문수보살 마하살

문수사리 발원경
文殊師利 發願經

신구의가 청정하여 모든때를 제멸하고
시방삼세 부처님께 일심으로 예경하며
보현보살 원력으로 부처님들 모두뵙고
셀수없는 일체국토 부처님을 예배하리
한낱티끌 그가운데 모든부처 보살성중
둘러앉아 계시오며 법계티끌 또한같고
온갖묘한 음성으로 부처님을 칭탄해도
한량없는 공덕바다 다할수가 없사오리
보현보살 행원력과 위가없는 공양구로
시방삼세 부처님들 지극정성 공양하고
미묘한향 꽃다발과 가지가지 온갖기악
일체묘한 장엄구로 부처님들 공양하리

탐진치로 제가지은 일체모든 악행들과
신구의로 지은업을 참회하여 제멸하고
일체중생 짓는복과 여러성문 연각보살
부처님들 짓는공덕 모두따라 기뻐하리
시방세계 부처님들 처음정각 이루실때
내가모두 권청하여 무상법륜 굴려지고
반열반에 드실적엔 합장공경 권청하니
일체진겁 머무시어 모든중생 안락하네
내가지은 모든공덕 중생에게 회향하고
보살행을 완성하여 무상보리 얻어지며
과거현재 시방세계 부처님들 공양하니
원하건대 미래세존 속히보리 이루소서
시방일체 모든불토 두루널리 장엄하니
여래께서 앉은도량 보살들이 충만하고

시방세계 중생들은 모든번뇌 소멸되어
진실한뜻 깊이알아 어느때나 안락하리
내가보살 행을닦아 숙명지를 성취하니
일체장애 제멸하여 영원토록 남음없고
생사마군 번뇌의업 그모두를 벗어나니
허공중의 해와같고 젖지않는 연꽃같네
시방세계 다니면서 모든중생 교화하고
악도고통 제멸하여 보살행을 구족하며
비록세간 따르지만 보살도를 놓지않고
미래겁이 다하도록 보현행을 구족하리
함께수행 하는이들 늘한곳에 모여들어
신구의업 착해져서 모두동등 하게하고
만약어떤 선지식이 보현행을 보이시면
이보살이 계신곳을 친근하여 떠나잖고

모든부처 보살님들 모여앉아 계신모습
미래겁이 다하도록 항상뵙고 공양하리
모든불법 수호하고 보살행을 찬탄하여
미래겁이 다하도록 보현도를 성취하며
생사중에 있더라도 다함없는 공덕장과
지혜방편 삼매해탈 그모두를 구족하리
낱낱티끌 그속에서 부사의한 세계보고
낱낱세계 그속에선 부사의한 부처뵈니
이와같이 바다같은 시방일체 세계보면
낱낱세계 그속에선 부처세계 보게되리
말한마디 음성중에 일체묘음 다갖추고
낱낱묘음 그가운데 최승음성 구족하여
깊고깊은 지혜력과 다함없는 묘음으로
삼세모든 부처님들 청정법륜 굴리리다

일체미래 모든겁이 한생각에 모아지고
삼세일체 모든겁이 한생각에 모아지니
그한생각 가운데서 삼세여래 모두뵙고
해탈경계 그모두를 널리분별 하여아네
한낱티끌 그속에서 삼세정토 나타나고
일체시방 티끌세계 장엄또한 그러하니
미래세의 부처님들 성불하고 법륜굴려
모든불사 성취하여 열반함을 모두뵙네
신력으로 다니면서 대승력을 널리펴고
자력으로 일체품고 공덕력을 성취하니
공덕력이 청정하고 지혜력이 무애하여
삼매력과 방편력이 보리의힘 얻게하네
청정하온 선업력은 번뇌력을 제멸하고
모든마력 무너뜨려 보현행력 구족하며

모든불토 장엄하고 모든중생 건져내며
모든업을 분별하여 모든지혜 성취하리
모든수행 청정하고 모든서원 만족하여
모든부처 만나뵙고 오랜세월 행하여서
삼세모든 부처행과 무량대원 구족하고
보현행을 실천하여 부처님을 이루리다
여러부처 맏아들을 보현이라 이름하니
나의선근 회향하여 저보살과 같아지고
신구의가 청정하여 모든세계 장엄하며
등정각을 이루어서 보현보살 같아지리
문수사리 보살님과 보현보살 행과같이
내가지닌 선근들을 회향함도 이와같아
삼세모든 여래께서 회향도를 찬탄했듯
나의선근 회향하여 보현행을 성취하리

이내목숨 마칠때에 모든장애 제멸하여
눈앞에서 미타뵙고 안락국토 왕생하며
극락국토 태어나서 모든대원 성취하고
미타여래 수기하심 그자리서 받아지녀
보현행을 엄정하고 문수원을 만족하여
미래겁이 다하도록 보살행을 성취하리

회향게 회향하는 게송
廻向偈

원이차공덕 보급어일체
願以此功德 普及於一切
원하건대 이공덕이
일체처에 널리퍼져

아등여중생 당생극락국
我等與衆生 當生極樂國
나와중생 그모두가
극락국토 태어나서

동견무량수 개공성불도 (반배)
同見無量壽 皆共成佛道
무량수불 함께뵙고
성불하게 하여지다

문수보살 예찬문

문수보살 예찬문

노향사설　법계몽훈
爐香乍爇　法界蒙熏

향로위에 향사르니
온법계가 향기롭고

제불해회　실요문
諸佛海會　悉遙聞

바다같은 제불보살
멀리서도 아신다네

수처결상운
隨處結祥雲

상서로운 구름들은
곳곳마다 일어나고

성의방은　제불현전신
誠意方殷　諸佛現全身

간절한맘 가득하니
제불보살 나타나네

1. 지심귀명례 평등세계 용종정지존왕불
　　至心歸命禮　平等世界　龍種淨智尊王佛

　　평등한 세계의 용종정지존왕 부처님께
　　지극한 마음으로 목숨 다해 귀의하고 예배합니다.

2. 지심귀명례 공적세계 대신불
　　至心歸命禮　空寂世界　大身佛

　　텅비고 고요한 세계에 계신 부처님께
　　지극한 마음으로 목숨 다해 귀의하고 예배합니다.

3. 지심귀명례 무애세계 승선불
至心歸命禮 無碍世界 升仙佛

걸림이 없는 세계의 승선 부처님께
지극한 마음으로 목숨 다해 귀의하고 예배합니다.

4. 지심귀명례 상희세계 환희장마니보적불
至心歸命禮 常喜世界 歡喜藏摩尼寶積佛

항상 환희로운 세계의 환희장마니보적 부처님께
지극한 마음으로 목숨 다해 귀의하고 예배합니다.

5. 지심귀명례 당래지세 보현불
至心歸命禮 當來之世 普現佛

다가올 미래 세계에 널리 출현하실 부처님들께
지극한 마음으로 목숨 다해 귀의하고 예배합니다.

6. 지심귀명례 불가사의 불찰장엄
至心歸命禮 不可思議 佛刹莊嚴

승어미타국토 대지문수사리보살
勝於彌陀國土 大智文殊師利菩薩

불가사의한 부처님 세계를 미타국토보다
거룩하게 장엄하신 대지문수사리보살님께
지극한 마음으로 목숨 다해 귀의하고 예배합니다.

7. 지심귀명례 보리심 시보살생처
   至心歸命禮 菩提心 是菩薩生處

   생보살가고 대지문수사리보살
   生菩薩家故 大智文殊師利菩薩

   보리심은 보살이 태어난 곳이며 보살을 내는 집이기에
   대지문수사리보살님께
   지극한 마음으로 목숨 다해 귀의하고 예배합니다.

8. 지심귀명례 심심 시보살생처
   至心歸命禮 深心 是菩薩生處

   생선지식가고 대지문수사리보살
   生善知識家故 大智文殊師利菩薩

   깊은 신심은 보살이 태어난 곳이며
   선지식을 내는 집이기에 대지문수사리보살님께
   지극한 마음으로 목숨 다해 귀의하고 예배합니다.

9. 지심귀명례 제지 시보살생처
   至心歸命禮 諸地 是菩薩生處

   생바라밀가고 대지문수사리보살
   生波羅蜜家故 大智文殊師利菩薩

   모든 수행 지위는 보살이 태어난 곳이며
   바라밀을 내는 집이기에 대지문수사리보살님께
   지극한 마음으로 목숨 다해 귀의하고 예배합니다.

10. 지심귀명례 대원 시보살생처
至心歸命禮 大願 是菩薩生處

생묘행가고 대지문수사리보살
生妙行家故 大智文殊師利菩薩

큰 서원은 보살이 태어난 곳이며
미묘한 행을 내는 집이기에 대지문수사리보살님께
지극한 마음으로 목숨 다해 귀의하고 예배합니다.

11. 지심귀명례 대비 시보살생처
至心歸命禮 大悲 是菩薩生處

생사섭가고 대지문수사리보살
生四攝家故 大智文殊師利菩薩

대비심은 보살이 태어난 곳이며
사섭법을 내는 집이기에 대지문수사리보살님께
지극한 마음으로 목숨 다해 귀의하고 예배합니다.

12. 지심귀명례 여리관찰 시보살생처
至心歸命禮 如理觀察 是菩薩生處

생반야바라밀가고 대지문수사리보살
生般若波羅蜜家故 大智文殊師利菩薩

이치대로 관찰함은 보살이 태어난 곳이며
반야바라밀을 내는 집이기에 대지문수사리보살님께
지극한 마음으로 목숨 다해 귀의하고 예배합니다.

13. 지심귀명례 대승 시보살생처
至心歸命禮 大乘 是菩薩生處

생방편선교가고 대지문수사리보살
生方便善巧家故 大智文殊師利菩薩

대승은 보살이 태어난 곳이며
방편선교를 내는 집이기에 대지문수사리보살님께
지극한 마음으로 목숨 다해 귀의하고 예배합니다.

14. 지심귀명례 교화중생 시보살생처
至心歸命禮 敎化衆生 是菩薩生處

생불가고 대지문수사리보살
生佛家故 大智文殊師利菩薩

중생을 교화함은 보살이 태어난 곳이며
부처님을 내는 집이기에 대지문수사리보살님께
지극한 마음으로 목숨 다해 귀의하고 예배합니다.

15. 지심귀명례 지혜방편 시보살생처
至心歸命禮 智慧方便 是菩薩生處

생무생법인가고 대지문수사리보살
生無生法忍家故 大智文殊師利菩薩

지혜와 방편은 보살이 태어난 곳이며
무생법인을 내는 집이기에 대지문수사리보살님께
지극한 마음으로 목숨 다해 귀의하고 예배합니다.

16. 지심귀명례 수행일체법 시보살생처
    至心歸命禮 修行一切法 是菩薩生處

    생과현미래 일체여래가고
    生過現未來 一切如來家故

    대지문수사리보살
    大智文殊師利菩薩

    일체법을 수행함은 보살이 태어난 곳이며
    과거현재미래 일체여래를 내는 집이기에
    대지문수사리보살님께
    지극한 마음으로 목숨 다해 귀의하고 예배합니다.

17. 지심귀명례 이반야바라밀 위모
    至心歸命禮 以般若波羅蜜 爲母

    방편선교 위부 대지문수사리보살
    方便善巧 爲父 大智文殊師利菩薩

    지혜바라밀을 어머니로 삼고 방편선교를 아버지로 삼으시는
    대지문수사리보살님께
    지극한 마음으로 목숨 다해 귀의하고 예배합니다.

18. 지심귀명례 단바라밀 위유모
至心歸命禮 檀波羅蜜 爲乳母

시바라밀 위양모 대지문수사리보살
尸波羅蜜 爲養母 大智文殊師利菩薩

보시바라밀을 유모로 삼고 지계바라밀을 양모로 삼으시는
대지문수사리보살님께
지극한 마음으로 목숨 다해 귀의하고 예배합니다.

19. 지심귀명례 인바라밀 위장엄구
至心歸命禮 忍波羅蜜 爲莊嚴具

근바라밀 위양육자 대지문수사리보살
勤波羅蜜 爲養育者 大智文殊師利菩薩

인욕바라밀을 장엄구로 삼고
정진바라밀을 양육자로 삼으시는 대지문수사리보살님께
지극한 마음으로 목숨 다해 귀의하고 예배합니다.

20. 지심귀명례 선바라밀 위완탁인
至心歸命禮 禪波羅蜜 爲浣濯人

선지식 위교수사 대지문수사리보살
善知識 爲敎授師 大智文殊師利菩薩

선정바라밀을 완탁인으로 삼고
선지식을 교수사로 삼으시는 대지문수사리보살님께
지극한 마음으로 목숨 다해 귀의하고 예배합니다.

21. 지심귀명례 일체보리분 위반려
    至心歸命禮 一切菩提分 爲伴侶

    일체선법 위권속 대지문수사리보살
    一切善法 爲眷屬 大智文殊師利菩薩

    일체 깨달음의 길을 반려자로 삼고
    일체 선법을 권속으로 삼으시는 대지문수사리보살님께
    지극한 마음으로 목숨 다해 귀의하고 예배합니다.

22. 지심귀명례 일체보살 위형제
    至心歸命禮 一切菩薩 爲兄弟

    보리심 위가 대지문수사리보살
    菩提心 爲家 大智文殊師利菩薩

    일체 보살을 형제로 삼고 보리심을 집으로 삼으시는
    대지문수사리보살님께
    지극한 마음으로 목숨 다해 귀의하고 예배합니다.

23. 지심귀명례 여리수행 위가법
    至心歸命禮 如理修行 爲家法

    제지 위가정 대지문수사리보살
    諸地 爲家庭 大智文殊師利菩薩

    이치대로 수행함을 가문의 법으로 삼고
    모든 수행지위를 가정으로 삼으시는 대지문수사리보살님께
    지극한 마음으로 목숨 다해 귀의하고 예배합니다.

24. 지심귀명례 제인 위가족 대원 위가교
至心歸命禮 諸忍 爲家族 大願 爲家敎

대지문수사리보살
大智文殊師利菩薩

모든 인욕을 가족으로 삼고 큰 서원을
집안의 가르침으로 삼으시는 대지문수사리보살님께
지극한 마음으로 목숨 다해 귀의하고 예배합니다.

25. 지심귀명례 권발대승 위소가업
至心歸命禮 勸發大乘 爲紹家業

대지문수사리보살
大智文殊師利菩薩

대승의 마음을 권하고 일으켜 가업으로 잇게 하시는
대지문수사리보살님께
지극한 마음으로 목숨 다해 귀의하고 예배합니다.

26. 지심귀명례 법수관정 일생소계
至心歸命禮 法水灌頂 一生所繫

보살 위왕태자 대지문수사리보살
菩薩 爲王太子 大智文殊師利菩薩

진리의 물로 관정하여 일생보처 보살을 왕태자로 삼으시는
대지문수사리보살님께
지극한 마음으로 목숨 다해 귀의하고 예배합니다.

27. 지심귀명례 성취보리 위능정가족
至心歸命禮 成就菩提 爲能淨家族

대지문수사리보살
大智文殊師利菩薩

깨달음 성취함을 능히 청정한 가족으로 삼으시는
대지문수사리보살님께
지극한 마음으로 목숨 다해 귀의하고 예배합니다.

28. 지심귀명례 일일여래소 일체찰진례
至心歸命禮 一一如來所 一切刹塵禮

대지문수사리보살
大智文殊師利菩薩

티끌 수와 같이 많은 일체 세계의
모든 부처님 계신 곳에 예경하시는 대지문수사리보살님께
지극한 마음으로 목숨 다해 귀의하고 예배합니다.

29. 지심귀명례 어일미진중 견일체제불
至心歸命禮 於一微塵中 見一切諸佛

대지문수사리보살
大智文殊師利菩薩

한 티끌 속에서 일체 모든 부처님을 뵈옵는
대지문수사리보살님께
지극한 마음으로 목숨 다해 귀의하고 예배합니다.

30. 지심귀명례 이중묘음성 선양제최승
至心歸命禮 以衆妙音聲 宣揚諸最勝

대지문수사리보살
大智文殊師利菩薩

온갖 미묘한 음성으로써 가장 뛰어난
모든 가르침을 선양하시는 대지문수사리보살님께
지극한 마음으로 목숨 다해 귀의하고 예배합니다.

31. 지심귀명례 무량공덕해 불가득궁진
至心歸命禮 無量功德海 不可得窮盡

대지문수사리보살
大智文殊師利菩薩

한량없는 공덕의 바다 끝내 다할 수 없음을 알게 하시는
대지문수사리보살님께
지극한 마음으로 목숨 다해 귀의하고 예배합니다.

32. 지심귀명례 무상중공구 공양삼세불
至心歸命禮 無上衆供具 供養三世佛

대지문수사리보살
大智文殊師利菩薩

위없는 온갖 공양구로 삼세의 부처님께 공양 올리시는
대지문수사리보살님께
지극한 마음으로 목숨 다해 귀의하고 예배합니다.

33. 지심귀명례 범부급성인 공덕실수희
至心歸命禮 凡夫及聖人 功德悉隨喜

대지문수사리보살
大智文殊師利菩薩

범부와 성인이 쌓은 공덕을 모두 따라 기뻐하시는
대지문수사리보살님께
지극한 마음으로 목숨 다해 귀의하고 예배합니다.

34. 지심귀명례 제불성정각 권청전법륜
至心歸命禮 諸佛成正覺 勸請轉法輪

대지문수사리보살
大智文殊師利菩薩

모든 부처님께서 정각을 이루실 때
법륜 굴려주시기를 권청하시는 대지문수사리보살님께
지극한 마음으로 목숨 다해 귀의하고 예배합니다.

35. 지심귀명례 시현열반자 경청구주세
至心歸命禮 示現涅槃者 敬請久住世

대지문수사리보살
大智文殊師利菩薩

모든 부처님께서 열반에 드시려할 때 세상에 오래도록
머물러 주시길 청하시는 대지문수사리보살님께
지극한 마음으로 목숨 다해 귀의하고 예배합니다.

36. 지심귀명례 소집제공덕 회향시중생
至心歸命禮 所集諸功德 廻向施衆生

대지문수사리보살
大智文殊師利菩薩

쌓으신 모든 공덕을 중생들에게 회향하고 베푸시는
대지문수사리보살님께
지극한 마음으로 목숨 다해 귀의하고 예배합니다.

37. 지심귀명례 구경보살행 체무상보리
至心歸命禮 究竟菩薩行 逮無上菩提

대지문수사리보살
大智文殊師利菩薩

보살행을 끝마쳐서 위없는 깨달음에 도달하신
대지문수사리보살님께
지극한 마음으로 목숨 다해 귀의하고 예배합니다.

38. 지심귀명례 원미래세존 속성보리도
至心歸命禮 願未來世尊 速成菩提道

대지문수사리보살
大智文殊師利菩薩

미래의 부처님들께서 속히 깨달음 이루길 원하시는
대지문수사리보살님께
지극한 마음으로 목숨 다해 귀의하고 예배합니다.

39. 지심귀명례 보장엄시방 일체제불찰
至心歸命禮 普莊嚴十方 一切諸佛刹

대지문수사리보살
大智文殊師利菩薩

널리 시방세계의 일체 모든 부처님 세계를 장엄하시는
대지문수사리보살님께
지극한 마음으로 목숨 다해 귀의하고 예배합니다.

40. 지심귀명례 제멸중생번 심해진실의
至心歸命禮 除滅衆生煩 深解眞實義

대지문수사리보살
大智文殊師利菩薩

중생의 번뇌를 제멸하시고 부처님의 진실한 뜻을
깊이 아시는 대지문수사리보살님께
지극한 마음으로 목숨 다해 귀의하고 예배합니다.

41. 지심귀명례 제장무유여 유일처허공
至心歸命禮 除障無有餘 猶日處虛空

대지문수사리보살
大智文殊師利菩薩

모든 장애를 제거하여 남음 없음이
마치 해가 허공에 걸린 것과 같으신 대지문수사리보살님께
지극한 마음으로 목숨 다해 귀의하고 예배합니다.

42. 지심귀명례 원리생사마 연화불착수
至心歸命禮 遠離生死魔 蓮花不着水

대지문수사리보살
大智文殊師利菩薩

생사의 마군을 멀리 여읨이
연꽃에 물이 묻지 않는 것과 같으신 대지문수사리보살님께
지극한 마음으로 목숨 다해 귀의하고 예배합니다.

43. 지심귀명례 수순제세간 불사보살도
至心歸命禮 隨順諸世間 不捨菩薩道

대지문수사리보살
大智文殊師利菩薩

모든 세간에 수순하여 보살의 길을 버리지 않으시는
대지문수사리보살님께
지극한 마음으로 목숨 다해 귀의하고 예배합니다.

44. 지심귀명례 진미래제겁 구수보현행
至心歸命禮 盡未來際劫 具修普賢行

대지문수사리보살
大智文殊師利菩薩

미래제의 겁이 다하도록 보현행을 갖추어 닦으시는
대지문수사리보살님께
지극한 마음으로 목숨 다해 귀의하고 예배합니다.

45. 지심귀명례 동행집일처 삼업령동등
至心歸命禮 同行集一處 三業令同等

대지문수사리보살
大智文殊師利菩薩

한 곳에서 함께 수행하여 신구의 삼업을 동등하게 하시는
대지문수사리보살님께
지극한 마음으로 목숨 다해 귀의하고 예배합니다.

46. 지심귀명례 약우선지식 친근상불리
至心歸命禮 若遇善知識 親近常不離

대지문수사리보살
大智文殊師利菩薩

만약 선지식을 만나면 항상 친근하여 떠나지 않으시는
대지문수사리보살님께
지극한 마음으로 목숨 다해 귀의하고 예배합니다.

47. 지심귀명례 상견일체불 공양진미래
至心歸命禮 常見一切佛 供養盡未來

대지문수사리보살
大智文殊師利菩薩

항상 일체 부처님들을 뵈옵고 미래제가 다하도록
공양 올리시는 대지문수사리보살님께
지극한 마음으로 목숨 다해 귀의하고 예배합니다.

48. 지심귀명례 수호제불법 찬탄보살행
至心歸命禮 守護諸佛法 讚歎菩薩行

대지문수사리보살
大智文殊師利菩薩

모든 부처님 법을 수호하고 보살행을 찬탄하시는
대지문수사리보살님께
지극한 마음으로 목숨 다해 귀의하고 예배합니다.

49. 지심귀명례 수재생사중 구무진공덕
至心歸命禮 雖在生死中 具無盡功德

대지문수사리보살
大智文殊師利菩薩

비록 생사 중에 있더라도 다함없는 공덕을 갖추시는
대지문수사리보살님께
지극한 마음으로 목숨 다해 귀의하고 예배합니다.

50. 지심귀명례 일일미진중 견부사의찰
至心歸命禮 一一微塵中 見不思議刹

대지문수사리보살
大智文殊師利菩薩

낱낱의 티끌 속에서 부사의한 세계를 보시는
대지문수사리보살님께
지극한 마음으로 목숨 다해 귀의하고 예배합니다.

51. 지심귀명례 어일일찰중 견부사의불
至心歸命禮 於一一刹中 見不思議佛

대지문수사리보살
大智文殊師利菩薩

낱낱의 세계 속에서 부사의한 부처님을 뵈옵는
대지문수사리보살님께
지극한 마음으로 목숨 다해 귀의하고 예배합니다.

52. 지심귀명례 일일세계해 실견제불해
至心歸命禮 一一世界海 悉見諸佛海

대지문수사리보살
大智文殊師利菩薩

바다같이 넓은 낱낱의 세계에서 바다같이 많은
모든 부처님을 다 뵈옵는 대지문수사리보살님께
지극한 마음으로 목숨 다해 귀의하고 예배합니다.

53. 지심귀명례 어일언음중 구일체묘음
至心歸命禮 於一言音中 具一切妙音

대지문수사리보살
大智文殊師利菩薩

말 한 마디 음성 가운데 일체 미묘한 음성을 갖추신
대지문수사리보살님께
지극한 마음으로 목숨 다해 귀의하고 예배합니다.

54. 지심귀명례 일일묘음중 구족최승음
至心歸命禮 一一妙音中 具足最勝音

대지문수사리보살
大智文殊師利菩薩

낱낱의 미묘한 음성 가운데 가장 뛰어난 음성을 갖추신
대지문수사리보살님께
지극한 마음으로 목숨 다해 귀의하고 예배합니다.

55. 지심귀명례 전삼세제불 청정정법륜
至心歸命禮 轉三世諸佛 清淨正法輪

대지문수사리보살
大智文殊師利菩薩

삼세 모든 부처님들의 청정하고 바른 법륜을 굴리시는
대지문수사리보살님께
지극한 마음으로 목숨 다해 귀의하고 예배합니다.

56. 지심귀명례 일체미래겁 실능작일념
至心歸命禮 一切未來劫 悉能作一念

대지문수사리보살
大智文殊師利菩薩

일체 미래겁을 다 능히 한 생각으로 모으실 수 있는
대지문수사리보살님께
지극한 마음으로 목숨 다해 귀의하고 예배합니다.

57. 지심귀명례 삼세일체겁 실위일념제
至心歸命禮 三世一切劫 悉爲一念除

대지문수사리보살
大智文殊師利菩薩

삼세의 일체겁을 다 한 생각으로 삼으시는
대지문수사리보살님께
지극한 마음으로 목숨 다해 귀의하고 예배합니다.

58. 지심귀명례 일념중실견 삼세제여래
至心歸命禮 一念中悉見 三世諸如來

대지문수사리보살
大智文殊師利菩薩

한 생각 가운데 삼세의 모든 부처님들을 다 뵈옵는
대지문수사리보살님께
지극한 마음으로 목숨 다해 귀의하고 예배합니다.

59. 지심귀명례 어일미진중 출삼세정찰
至心歸命禮 於一微塵中 出三世淨刹

대지문수사리보살
大智文殊師利菩薩

하나의 미세한 티끌 속에서 삼세의 청정한 세계를 내시는
대지문수사리보살님께
지극한 마음으로 목숨 다해 귀의하고 예배합니다.

60. 지심귀명례 실견미래불 성도전법륜
至心歸命禮 悉見未來佛 成道轉法輪

대지문수사리보살
大智文殊師利菩薩

미래의 부처님께서 도를 이루시고 법륜 굴리심을 다 뵈옵는
대지문수사리보살님께
지극한 마음으로 목숨 다해 귀의하고 예배합니다.

61. 지심귀명례 신력변유행 대승력보문
至心歸命禮 神力遍遊行 大乘力普門

대지문수사리보살
大智文殊師利菩薩

신통한 힘으로 두루 다니시며 대승의 힘을 널리 펴시는
대지문수사리보살님께
지극한 마음으로 목숨 다해 귀의하고 예배합니다.

62. 지심귀명례 자력부일체 행력공덕만
至心歸命禮 慈力覆一切 行力功德滿

대지문수사리보살
大智文殊師利菩薩

자비로운 힘으로 일체를 품고 실천하는 힘으로
공덕을 성취하시는 대지문수사리보살님께
지극한 마음으로 목숨 다해 귀의하고 예배합니다.

63. 지심귀명례 공덕력청정 지혜력무애
至心歸命禮 功德力淸淨 智慧力無碍

대지문수사리보살
大智文殊師利菩薩

공덕의 힘은 청정하고 지혜의 힘은 걸림이 없으신
대지문수사리보살님께 지극한 마음으로
목숨 다해 귀의하고 예배합니다.

64. 지심귀명례 삼매방편력 체득보리력
至心歸命禮 三昧方便力 逮得菩提力

대지문수사리보살
大智文殊師利菩薩

삼매와 방편의 힘으로 깨달음의 힘을 얻으시는
대지문수사리보살님께
지극한 마음으로 목숨 다해 귀의하고 예배합니다.

65. 지심귀명례 청정선업력 제멸번뇌력
至心歸命禮 淸淨善業力 除滅煩惱力

대지문수사리보살
大智文殊師利菩薩

청정한 선업의 힘으로 번뇌의 힘을 제멸하시는
대지문수사리보살님께
지극한 마음으로 목숨 다해 귀의하고 예배합니다.

66. 지심귀명례 엄정불찰해 도탈중생해
至心歸命禮 嚴淨佛刹海 度脫衆生海

대지문수사리보살
大智文殊師利菩薩

바다같은 부처님 세계를 청정하게 장엄하고 바다같은
중생들을 제도하여 해탈케 하시는 대지문수사리보살님께
지극한 마음으로 목숨 다해 귀의하고 예배합니다.

67. 지심귀명례 분별제업해 궁진지혜해
至心歸命禮 分別諸業海 窮盡智慧海

대지문수사리보살
大智文殊師利菩薩

바다같은 모든 업을 분별하고
바다같은 지혜를 궁구하여 다하시는 대지문수사리보살님께
지극한 마음으로 목숨 다해 귀의하고 예배합니다.

68. 지심귀명례 청정제행해 만족제원해
至心歸命禮 淸淨諸行海 滿足諸願海

대지문수사리보살
大智文殊師利菩薩

바다같은 모든 행을 청정케 하고 바다같은 모든 서원을
만족하시는 대지문수사리보살님께
지극한 마음으로 목숨 다해 귀의하고 예배합니다.

69. 지심귀명례 삼세제여래 소탄회향도
    至心歸命禮 三世諸如來 所歎廻向道

   대지문수사리보살
   大智文殊師利菩薩

   삼세의 모든 부처님들께서 찬탄하신 회향의 길을 보이신
   대지문수사리보살님께
   지극한 마음으로 목숨 다해 귀의하고 예배합니다.

70. 지심귀명례 제불대행원 일일실구족
    至心歸命禮 諸佛大行願 一一悉具足

   대지문수사리보살
   大智文殊師利菩薩

   모든 부처님들의 큰 행원을 낱낱이 다 갖추신
   대지문수사리보살님께
   지극한 마음으로 목숨 다해 귀의하고 예배합니다.

71. 지심귀명례 비로자나 청정체
    至心歸命禮 毘盧遮那 淸淨體

   보화응현 등여공 대지문수사리보살
   報化應現 等如空 大智文殊師利菩薩

   비로자나의 청정한 몸과 보신과 화신이 응하여 나타남이
   허공과 같음을 보이신 대지문수사리보살님께
   지극한 마음으로 목숨 다해 귀의하고 예배합니다.

72. 지심귀명례 심의청정 무등등
至心歸命禮 心意淸淨 無等等

신통무애 미증유 대지문수사리보살
神通無碍 未曾有 大智文殊師利菩薩

마음의 뜻 청정함이 같을 이 없고 신통의 무애함이
일찍이 없었던 일이신 대지문수사리보살님께
지극한 마음으로 목숨 다해 귀의하고 예배합니다.

73. 지심귀명례 선능주변 시방계
至心歸命禮 善能周遍 十方界

수근화도 제군생 대지문수사리보살
隨根化度 諸群生 大智文殊師利菩薩

시방세계에 두루 계시면서 모든 중생들의 근기에 따라
교화하고 제도하시는 대지문수사리보살님께
지극한 마음으로 목숨 다해 귀의하고 예배합니다.

74. 지심귀명례 무량공덕 장엄신
至心歸命禮 無量功德 莊嚴身

광설묘법 제군품 대지문수사리보살
廣說妙法 濟群品 大智文殊師利菩薩

한량없는 공덕으로 몸을 장엄하고 미묘한 법 널리 설하여
중생들을 제도하시는 대지문수사리보살님께
지극한 마음으로 목숨 다해 귀의하고 예배합니다.

75. 지심귀명례 최상방광 심심의
至心歸命禮 最上方廣 甚深義

보위세간 작이익 대지문수사리보살
普爲世間 作利益 大智文殊師利菩薩

가장 높고 올바르며 넓은 아주 깊은 뜻으로 널리 세간을
위하여 이익을 주시는 대지문수사리보살님께
지극한 마음으로 목숨 다해 귀의하고 예배합니다.

76. 지심귀명례 보살묘지신 출생제선이
至心歸命禮 菩薩妙智身 出生諸善利

비여대지중 생종종이익
譬如大地中 生種種利益

대지문수사리보살
大智文殊師利菩薩

큰 땅에서 갖가지 이익이 생겨나듯 보살의 미묘한 지혜의
몸으로 모든 좋은 이익을 내신 대지문수사리보살님께
지극한 마음으로 목숨 다해 귀의하고 예배합니다.

77. 지심귀명례 대사사변재 개설구경법
至心歸命禮 大士四辯才 皆說究竟法

문자개해탈 지어불피안
聞者皆解脫 至於佛彼岸

대지문수사리보살
大智文殊師利菩薩

보살의 네 변재로 구경법을 다 설하고 듣는 자는
다 해탈하여 부처님의 피안에 이르게 하신
대지문수사리보살님께
지극한 마음으로 목숨 다해 귀의하고 예배합니다.

78. 지심귀명례 금강성해 천비천발
至心歸命禮 金剛性海 千臂千鉢

대교왕 대지문수사리보살
大教王 大智文殊師利菩薩

바다같이 넓고 금강같이 단단한 성품으로 천개의 팔에
천개의 발우를 든 큰 가르침의 왕 대지문수사리보살님께
지극한 마음으로 목숨 다해 귀의하고 예배합니다.

79. 지심귀명례 평등비밀 최상관문
至心歸命禮 平等秘蜜 最上觀門

대교왕 대지문수사리보살
大教王 大智文殊師利菩薩

평등하고 비밀스러우며 가장 높은 관법의 문을 보여준
큰 가르침의 왕 대지문수사리보살님께
지극한 마음으로 목숨 다해 귀의하고 예배합니다.

80. 지심귀명례 신과청사 자운보부
至心歸命禮 身跨靑獅 慈雲普覆

법우시 묘연비리야 칠불지사
法雨施 妙演毘離耶 七佛之師

보화도금시 대지문수사리보살
普化到今時 大智文殊師利菩薩

푸른 사자를 타시고 자비의 구름으로 널리 덮어
법의 비를 내리시며 정진바라밀을 미묘하게 연설하고
과거칠불의 스승으로서 너른 교화가 지금에 이르신
대지문수사리보살님께
지극한 마음으로 목숨 다해 귀의하고 예배합니다.

81. 지심귀명례 석위능인사 금위불제자
至心歸命禮 昔爲能仁師 今爲佛弟子

이존불병화 대지문수사리보살
二尊不幷化 大智文殊師利菩薩

옛적엔 석가모니 부처님의 스승이었으나
지금은 그 분의 제자가 되어 두 분의 교화가
겹치지 않게 하시는 대지문수사리보살님께
지극한 마음으로 목숨 다해 귀의하고 예배합니다.

82. 지심귀명례 기행광대 기원무변
至心歸命禮 其行廣大 其願無邊

출생일체 보살공덕 무유휴식
出生一切 菩薩功德 無有休息

대지문수사리보살
大智文殊師利菩薩

그 행이 광대하고 그 서원이 무변하여 쉼 없이 일체 보살의
공덕을 내시는 대지문수사리보살님께
지극한 마음으로 목숨 다해 귀의하고 예배합니다.

83. 지심귀명례 상위무량 제불지모
至心歸命禮 常爲無量 諸佛之母

상위무량 보살지사 교화성취
常爲無量 菩薩之師 敎化成就

일체중생 대지문수사리보살
一切衆生 大智文殊師利菩薩

항상 한량없는 모든 부처님들의 어머니가 되시고
항상 한량없는 보살들의 스승이 되시어
일체중생을 교화하여 성취케 하시는 대지문수사리보살님께
지극한 마음으로 목숨 다해 귀의하고 예배합니다.

84. 지심귀명례 시방일체 제불여래
至心歸命禮 十方一切 諸佛如來

장설법시 실방미간 백호상광 내조기신
將說法時 悉放眉間 白毫相光 來照其身

종정상입 대지문수사리보살
從頂上入 大智文殊師利菩薩

시방세계 일체 모든 부처님께서 설법하시려 할 때
미간에서 백호상광을 놓아 그 몸을 비추시고
정수리로 들어가게 하시는 대지문수사리보살님께
지극한 마음으로 목숨 다해 귀의하고 예배합니다.

85. 지심귀명례 종종신용 종종설법
至心歸命禮 種種神用 種種說法

어시방계 혹현초생 혹현멸도
於十方界 或現初生 或現滅度

요익중생 대지문수사리보살
饒益衆生 大智文殊師利菩薩

갖가지 신통묘용과 갖가지 설법으로
시방세계에 태어남과 멸도함을 보이셔서
널리 중생들에게 이익을 주시는 대지문수사리보살님께
지극한 마음으로 목숨 다해 귀의하고 예배합니다.

86. 지심귀명례 이대자비 생차국시
至心歸命禮 以大慈悲 生此國時

종모우협이 탄생신자금색 타지능언
從母右脇而 誕生身紫金色 墮地能言

여천동자 유칠보개 수부기상
如天童子 有七寶盖 隨覆其上

시호길상 대지문수사리보살
是號吉祥 大智文殊師利菩薩

큰 자비로 이 나라에 태어나실 때 어머니의 오른쪽 옆구리로
탄생하신 몸이 자금색이시고 땅을 밟자마자 말을 하심은
하늘동자 같으시며 일곱 가지 보개가 그 위를 덮으시기에
길상이라 불리시는 대지문수사리보살님께
지극한 마음으로 목숨 다해 귀의하고 예배합니다.

87. 지심귀명례 이대자비 생차국시
至心歸命禮 以大慈悲 生此國時

천강감로 지용복장 창변금속 정생금련
天降甘露 地涌伏藏 倉變金粟 庭生金蓮

광명만실 시호길상 대지문수사리보살
光明滿室 是號吉祥 大智文殊師利菩薩

큰 자비로 이 나라에 태어나실 때 하늘에서는
감로가 내리고 땅에서는 감추어진 보배가 솟아 오르며
창고는 금빛 곡식으로 가득 차고

뜰에는 금빛 연꽃이 피어나며 광명이 집안에 가득하기에
길상이라 불리시는 대지문수사리보살님께
지극한 마음으로 목숨 다해 귀의하고 예배합니다.

88. 지심귀명례 이대자비 생차국시
至心歸命禮 以大慈悲 生此國時

계생난봉 마생기린 우생백타 저생용돈
鷄生鸞鳳 馬生麒麟 牛生白牤 猪生龍豚

육아상현 시호길상 대지문수사리보살
六牙象現 是號吉祥 大智文殊師利菩薩

큰 자비로 이 나라에 태어나실 때 닭이 난새와 봉황을 낳고
말이 기린을 낳으며 소가 흰소를 낳고 돼지가 용을 낳으며
여섯 개의 상아를 가진 코끼리가 나타나기에
길상이라 불리시는 대지문수사리보살님께
지극한 마음으로 목숨 다해 귀의하고 예배합니다.

89. 지심귀명례 청정지신 일체천인
至心歸命禮 淸淨之身 一切天人

막능사의 대지문수사리보살
莫能思議 大智文殊師利菩薩

청정하신 몸을 일체 천신과 인간이 생각하거나 말할 수 없는
대지문수사리보살님께
지극한 마음으로 목숨 다해 귀의하고 예배합니다.

90. 지심귀명례 원광영철 영무량중생
至心歸命禮 圓光暎徹 令無量衆生

발환희심 대지문수사리보살
發歡喜心 大智文殊師利菩薩

원만한 광명을 환하게 비춰 한량없는 중생들이
환희심을 내게 하시는 대지문수사리보살님께
지극한 마음으로 목숨 다해 귀의하고 예배합니다.

91. 지심귀명례 광망장엄 제멸중생
至心歸命禮 光網莊嚴 除滅衆生

무량고뇌 대지문수사리보살
無量苦惱 大智文殊師利菩薩

광명의 그물로 장엄하시어 중생들의 한량없는 고뇌를
제멸하시는 대지문수사리보살님께
지극한 마음으로 목숨 다해 귀의하고 예배합니다.

92. 지심귀명례 소주지처 주회시방
至心歸命禮 所住之處 周廻十方

상유도량 수축이전 대지문수사리보살
常有道場 隨逐而轉 大智文殊師利菩薩

머무시는 곳이 시방세계에 두루하여 항상 도량에 계시면서
중생들을 따라 함께 하시는 대지문수사리보살님께
지극한 마음으로 목숨 다해 귀의하고 예배합니다.

93. 지심귀명례 소행지로 구족무량
至心歸命禮 所行之路 具足無量

복덕장엄 좌우양변 유대복장 종종진보
福德莊嚴 左右兩邊 有大福藏 種種珍寶

자연이출 대지문수사리보살
發歡喜心 大智文殊師利菩薩

다니시는 길에 한량없는 복덕의 장엄을 갖추시고
좌우 양쪽으로 큰 복장을 거느리시며
갖가지 진귀한 보배를 자연스레 내어주시는
대지문수사리보살님께
지극한 마음으로 목숨 다해 귀의하고 예배합니다.

94. 지심귀명례 문수대보살 불사대비원
至心歸命禮 文殊大菩薩 不捨大悲願

변신위이도 혹관혹로체 혹처소아총
變身爲異道 或冠或露體 或處小兒叢

유희어취락 대지문수사리보살
遊戲於聚落 大智文殊師利菩薩

문수대보살은 대비심의 서원을 버리지 않으시고
몸을 변화하여 외도가 되기도 하며 관을 쓰기도 하고
벗으시기도 하며 어린아이들의 무리에 섞여
마을에서 뛰어 놀기도 하시니 대지문수사리보살님께
지극한 마음으로 목숨 다해 귀의하고 예배합니다.

95. 지심귀명례 혹작빈궁인 쇠용위로병
至心歸命禮 或作貧窮人 衰容爲老病

급현기한자 순방이구걸 영인발일시
及現飢寒者 巡方而求乞 令人發一施

여만일체원 대지문수사리보살
與滿一切願 大智文殊師利菩薩

빈궁한 사람이 되기도 하고 쇠약한 얼굴로 노인이나
병자가 되기도 하며 춥고 배고픈 사람으로 나타나
구걸하러 다니면서 사람들로 하여금 보시하려는 마음을
일으켜 일체의 서원을 이루게 하시는 대지문수사리보살님께
지극한 마음으로 목숨 다해 귀의하고 예배합니다.

96. 지심귀명례 영발신심이 위설바라밀
至心歸命禮 令發信心已 爲設波羅蜜

통령만보살 거주오정산 방억종광명
統領萬菩薩 居住五頂山 放億種光明

견자죄소멸 대지문수사리보살
見者罪消滅 大智文殊師利菩薩

신심을 일으키게 하고서 바라밀을 설시하시고
일만의 보살들을 거느리고서 오정산에 머무르시며
수억 가지 광명을 놓아 그것을 보는 자들의 죄가
소멸하게 하시는 대지문수사리보살님께
지극한 마음으로 목숨 다해 귀의하고 예배합니다.

97. 지심귀명례 천화대상 최초수계
至心歸命禮 千華臺上 最初受戒

대지문수사리보살
大智文殊師利菩薩

천개의 연꽃으로 장엄한 누대 위에서
가장 처음 계를 받으신 대지문수사리보살님께
지극한 마음으로 목숨 다해 귀의하고 예배합니다.

98. 지심귀명례 행자응발 보현심 종사응수
至心歸命禮 行者應發 普賢心 從師應受

금강계 대지문수사리보살
金剛戒 大智文殊師利菩薩

수행자들이 보현의 마음을 발하게 하고 스승을 따라
금강계를 받게 하시는 대지문수사리보살님께
지극한 마음으로 목숨 다해 귀의하고 예배합니다.

99. 지심귀명례 화작진귀 전수조인
至心歸命禮 化作眞歸 傳授祖印

대지문수사리보살
大智文殊師利菩薩

진귀조사로 변화하여 조사의 가르침을 전수해 주신
대지문수사리보살님께
지극한 마음으로 목숨 다해 귀의하고 예배합니다.

100. 지심귀명례 다라니회상 상작관정법사
至心歸命禮 陀羅尼會上 常作灌頂法師

발환희심 대지문수사리보살
發歡喜心 大智文殊師利菩薩

다라니 회상에서 항상 관정을 주는 법사가 되어 주시는
대지문수사리보살님께
지극한 마음으로 목숨 다해 귀의하고 예배합니다.

101. 지심귀명례 여래 설법지시 관찰중심
至心歸命禮 如來 說法之時 觀察衆心

상문법의 대지문수사리보살
常問法義 大智文殊師利菩薩

부처님께서 설법하실 때 대중들의 마음을 관찰하여
항상 가르침의 의미를 물으시는 대지문수사리보살님께
지극한 마음으로 목숨 다해 귀의하고 예배합니다.

102. 지심귀명례 지혜보검 체용불이
至心歸命禮 智慧寶劍 體用不二

대지문수사리보살
大智文殊師利菩薩

지혜의 보검으로 본체와 작용이 둘이 아님을 보이시는
대지문수사리보살님께
지극한 마음으로 목숨 다해 귀의하고 예배합니다.

103. 지심귀명례 설게이생 한산성동
至心歸命禮 說偈利生 寒山聖童

대지문수사리보살
大智文殊師利菩薩

게송을 설하여 중생들을 이롭게 하는
한산의 성스런 동자이신 대지문수사리보살님께
지극한 마음으로 목숨 다해 귀의하고 예배합니다.

104. 지심귀명례 관찰선재 득법인연
至心歸命禮 觀察善財 得法因緣

지남인로 대지문수사리보살
指南引路 大智文殊師利菩薩

착한 이들을 관찰하여 진리의 인연을 얻게 하시며
나침반처럼 길을 인도하시는 대지문수사리보살님께
지극한 마음으로 목숨 다해 귀의하고 예배합니다.

105. 지심귀명례 일체덕중 유위묘덕
至心歸命禮 一切德中 唯爲妙德

일체중묘 유위묘수 대지문수사리보살
一切衆妙 唯爲妙首 大智文殊師利菩薩

일체의 덕 가운데 가장 묘한 덕이 되시고 일체의 온갖
묘함 가운데 최고의 묘함이 되시는 대지문수사리보살님께
지극한 마음으로 목숨 다해 귀의하고 예배합니다.

106. 지심귀명례 법중왕 사중사 성중성
至心歸命禮 法中王 師中師 聖中聖

일체유위상좌 대지문수사리보살
一切唯爲上座 大智文殊師利菩薩

법 가운데 왕이요, 스승 가운데 스승이요,
성인 가운데 성인이요, 일체의 윗자리가 되시는
대지문수사리보살께
지극한 마음으로 목숨 다해 귀의하고 예배합니다.

107. 지심귀명례 보살중상수 조사중최정
至心歸命禮 菩薩中上首 祖師中最頂

율사중본원 일체유위상좌
律師中本源 一切唯爲上座

대지문수사리보살
大智文殊師利菩薩

보살들 가운데 상수이시고 조사들 가운데 최정이시며
율사들 가운데 본원이시어 일체 중에서
가장 높은 자리에 앉으시는 대지문수사리보살님께
지극한 마음으로 목숨 다해 귀의하고 예배합니다.

108. 지심귀명례 천중천 선중선
至心歸命禮 天中天 仙中仙

의중대왕 일체유위상좌
醫中大王 一切唯爲上座

대지문수사리보살
大智文殊師利菩薩

천신들 가운데 천신이시고 선인들 가운데 선인이시며
의사들 가운데 대의왕이 되시어 일체 중에서
가장 높은 자리에 앉으시는 대지문수사리보살님께
지극한 마음으로 목숨 다해 귀의하고 예배합니다.

능례소례성공적 감응도교난사의
能禮所禮性空寂 感應道交難思議

저희마음 문수마음 그성품이 공적하나
감응하는 그이치는 헤아리기 어려워라

아차도량여제주 문수보살영현중
我此道場如帝珠 文殊菩薩影現中

기도하는 이도량은 제석천의 구슬같아
문수보살 그가운데 거룩한몸 나투시네

아신영현문수전 일심계수귀명례
我身影現文殊前 一心稽首歸命禮

저희들의 몸도또한 문수앞에 나투어서
일심으로 귀의하고 예배공양 하옵니다.

유튜브 반야불학원 채널을 통해
문수반야기도에 동참할 수 있습니다.

문수반야기도

인 쇄 | 불기2567(2023)년 10월 5일

발행인 | 信 鏡
발행처 | PRAJNA
　　　　부산광역시 해운대구 마린시티3로 1, 선프라자 538호
　　　　전화 (051) 747-0108
　　　　이메일 : prajnaschool@naver.com
사 진 | 현본 이석준
인 쇄 | 도서출판 무량수
　　　　부산광역시 부산진구 중앙대로 777
　　　　이비스앰배서더 부산시티센터 2층
　　　　전화 (051) 255-5675

출판신고번호 　제333-2023-000027호
ISBN 979-11-984669-0-7

값 22,000원

ⓒ 신경, 2023
이 책은 저작권법에 따라 보호를 받는 저작물이므로
무단 전재와 무단 복제 및 변용을 금합니다.